Egon Friedell

# Der Schatten der Antike

Egon Friedell

# Der Schatten der Antike

Das bislang fehlende Schlusskapitel der „Kulturgeschichte des Altertums"

Entdeckt, herausgegeben, mit Anmerkungen und einem Nachwort von Heribert Illig

Mantis

**Egon Friedell**

Der Schatten der Antike

Das bislang fehlende Schlusskapitel der „Kulturgeschichte des Altertums“ · Entdeckt, herausgegeben, mit Anmerkungen und einem Nachwort von Heribert Illig



Mantis Verlag, Gräfelfing

ISBN 978-3-928852-55-5



Umschlaggestaltung 35043 Tabulatrix, Marburg
Druck und Bindung 04451 winterwork, Borsdorf
Printed in Germany

Verlagsauskünfte
Mantis Verlag Dr. Heribert Illig
82166 Gräfelfing, Lenbachstr. 2a
E-Mail: mantisillig@gmx.de

# Inhalt



***Inhalt des dritten Kapitels***

[Werkkonzeption]

**Egon Friedell**

# Kulturgeschichte des Altertums

## Leben und Legende der vorchristlichen Seele

**1. Band: Ägypten und Vorderasien** (publ. 1936)
[heute als „*Kulturgeschichte Ägyptens und des Alten Orients*"]

Einleitung: Die Mär der Weltgeschichte
Erstes Kapitel: Das Geheimnis Ägyptens
Zweites Kapitel: Der Turm von Babel
Drittes Kapitel: Gott und Erde
Viertes Kapitel: Die verzauberte Insel

**2. Band: Hellas und Rom** (publ. 1949)
[Teile davon heute als „*Kulturgeschichte Griechenlands*"]

Erstes Kapitel: Ionischer Frühling
Zweites Kapitel: Der Welttag Athens

-----------------------------------------

Drittes Kapitel: **Der Schatten der Antike** (publ. 2020)

[Dieses Kapitel liegt hier erstmals gedruckt vor, nicht in der nie geschriebenen Endfassung, aber in der Rohfassung.]

# [Vorwort]

S. 2

Ob man gelebt hat, erweist sich erst nach dem Tode.
Etwa so Tertullian*

1 Der Schatten der Antike

Die glühendste Sehnsucht jedes Griechen, ob Dichter oder Demagog, Arzt oder Athlet, Ringer oder Rhetor, war Ruhm, genauer gesagt: Nachruhm. Er ist bereit, für das Vaterland zu sterben, aber nicht als unbekannter Soldat, vielmehr ist es der Hauptanreiz und Lohn der Tapferkeit, das verkünden die Kriegslyriker immer wieder vernehmlich, daß er sich damit einen „Namen“ macht. Tyrtaios: Er ist, obschon unter der Erde, unsterblich.*

„Die Ruhmsucht ist eines derjenigen Mysterien der griechischen Nation, welche diese am meisten von anderen Völkern unterscheiden“ (Burckhardt)

Der älteste Liederdichter, der Ephesier Kallinos bereits: „Niemand entgeht dem Tode. Darum stirb lieber. Ruhmlos stirbt, wer zuhause stirbt.“

Sogar der Weltenrichter und Menschenfeind Heraklit befindet: „*Eines* wählen die Edeln statt alles andern: nie verlöschenden Nachruhm.“

Taten zu begehen, deren Träger noch in den spätesten Tagen genannt werden, war der hellenische Traum: Herakles oder Herostrat:* Das gilt ihm gleich. Dieser Wunsch ist dem gesamten Volke in ausschweifendem Maße erfüllt worden. Eine andere Form der Unsterblichkeit kannte der Grieche nicht, und weil er sie wollte, ist sie ihm geworden. Als Schatten wandeln sie noch immer auf dieser Erde und jedermann weiß ihre Namen. Die europäische Kulturgeschichte ist die Geschichte des griechischen Nachruhms, des Schattens der Antike, aber auch wie ein Schatten liegt sie auf uns.

2 Ehe wir jedoch der Vorgeschichte dieses Nachruhms nachgehen, müssen wir den Schauplatz, auf dem sie spielt, beschreiben.

# 1 Hellenismus, Einleitung S. 3

1 Johann Gustav Droysen,* vor 100 Jahren. Droysen (1808–1884) schrieb das erste Standardwerk zur hellenistischen, großgriechischen Zeit.

2 Hellenismus bedeutet hellenisierte Welt, nicht mehr: griechische Geschichte, sondern Geschichte unter griechischer Geistespatronanz und ist daher kein ethnographischer, sondern ein Kulturbegriff, der räumlich die ganze Mittelmeerwelt, zeitlich die ganze Spätantike umfasst.

3 Ausbreitungsradius, Christ 1.

4 Hellenismus bedeutet zugleich griechisch und ungriechisch, nämlich hellenoid, à la grecque, etwa wie Engländerei, Holländerei, Chinoiserie, Japonismus, Gallomanie, Amerikanismus. Und die Griechen waren selber nur noch „Französlinge“, ihre eigene zweite Besetzung, roter Assmannshäuser* wie Burgunder. Man dichtet „wie Homer“, philosophiert „nach Art Plato“ (Schnitzel auf Mailänder Art), malt „in Manier Botticelli“ und vor allem sammelt, ediert und kommentiert man. Schon der zweite Spitzname „Alexandriner“ sagt aus, daß die Nachfolge, Imitatio eines einzigen Menschen das Grundthema aller Variationen ist.

5 Die klassizistische Reaktion, die mit Augustus einsetzt, „stigmatisiert den Griechen als eine im Grunde unerlaubte Episode der Geschichte“ (Paul Wendland*).

6 Aber solche *eklektischen, epigonischen* Zeiten pflegen auch die *panoramatischen,* im guten Sinne *nachempfindenden* zu sein.

## 2 Diadochenkämpfe

S. 4, 5

1 *Alexanderroman:* Alexander hat nicht so viele Könige durch seine Kriege besiegt, als er durch seinen Tod hinterließ.

2 In dem Menschenalter zwischen Issos*, 333, und Ipsos*, 301, haben sich die größten Schicksalswenden, Stürze und Aufstiege vollzogen, von denen die abendländische Geschichte weiß. Und welche Energien und Köpfe!

3 Einer von ihnen, Demetrios, der Sohn des Antigonos, der faszinierendste von allen, dessen Leben ein Kolportageroman von unwahrscheinlichsten Wechselfällen und Peripetien war, erhielt schließlich von seinem Schwiegervater und Erbfeind Seleukos, der aber wie die meisten Diadochen sehr ritterlich war, das herrlich gelegene Apamea* mit Palästen und Jagdgründen zu königlicher Hofhaltung angewiesen, starb aber im dritten Jahr an der erzwungenen Untätigkeit.

4 Plutarch: „Was den Brudermord anlangt, so war er für die Sicherung der Herrschaft ein Postulat, wie es die Postulate der Mathematiker sind." Einer der Betroffenen sagte im Sterben: „Man ist uns nur um einen Tag zuvorgekommen."

5 Demades*: „Das kann nicht wahr sein, sonst müßte der Leichengeruch die ganze Welt erfüllen." Aber alsbald erfüllte er sie.

6 Erbfolge unklar, Prop 220, Kärst 6/7, Beloch 557. Es ging um Alexanders schwachsinnigen Halbbruder Philipp III. Arrhidaios, Alexanders von Roxane nachgeborenen Sohn Alexander IV. Aigos, seinen unehelichen Sohn Herakles (von Barsine) und um Reichsverweser Perdikkas. Letztlich wurden alle ermordet, und die Diadochen traten auf den Plan.

7/8 Die Condottieri, Prop 220/22, Hell 4. Demosthenes, Kärst 18, der Ausnahmeredner und athenische Staatsmann.

Es liegt in den Schulklischees bei all ihrem Grobdruck immer eine Wahrheit, denn sie stammen aus Herzenstakt, der kindlichen Weisheit des Menschheitsgewissens. Auch die Donquichotterie kann faustisch und die Kurzsichtigkeit Großblick sein. Die Kämpfer auf verlorenem Posten sind immer die Lieblinge der Nachwelt gewesen und der Ruhm der Ideologen hat sich oft unverwelklicher erwiesen als die Siegeskränze der Tatmenschen. Demetrios war in all seinen Schwächen eben doch der letzte Hellene, wie Kaiser Max, ein oberflächlicher und zerfahrener Romantiker, der letzte Ritter, und Cato*, ein engstirniger steifleinener Doktrinär, der letzte Altrömer. Alle drei haben ihre Zeit nicht verstanden, aber die Zeiten, die länger währen als die Zeitalter, haben sie verstanden und ihnen eine liebevolle Erinnerung bewahrt.

8 Charakter des *Antipater,* Beloch 99, des *Polyperchon,* 100, des *Eumenes,* 119. *Perdikkas:* höchst kriegerisch und fast so draufgängerisch wie Alexander selber, aber von unbändigem Standeshochmut (aus königlichem Geschlecht?), daher unbeliebt, Alexander unbedingt ergeben und sehr ans Herz gewachsen, nach dessen Tode der machtgierigste von allen Diadochen. *Krateros:* nicht nur ein wilder Kämpfer und Jäger, sondern auch nach Parmenides' Tode der bedeutendste Feldherr Alexanders, genoß wegen seines kernigen und kameradschaftlichen, echt makedonischen Wesens die Sympathien des ganzen Heeres. *Ptolemaios:* eine überragende staatsmännische Intelligenz voll Zielbewußtsein und Energie, auch als Verfasser der Memoiren (aus den Akten des Generalstabs) bedeutend, die Arrian in seiner Ἀνάβασις Ἀλεξάνδρου (Anabasis Alexandrou, „Der Hinaufmarsch Alexanders“) verwendet hat. *Antigonos,* Beloch 172/73: überlebensgroß, Donnerstimme, älter als Philipp. Feinde: „Körnerpickende Vögel, die man mit einem Steinwurf verscheucht.“

9 Antigonos errang im letzten Jahrzehnt des 4. Jahrhunderts durch seinen Sohn Demetrios glänzende Siege über die Koalition der übrigen Machthaber und nahm den Königstitel an, was diese nachahmten, Beloch 137, 160/61.

10 Ipsos, 301, in der Schlacht insgesamt über 150 000 Mann und fast 500 Elefanten, Prop. 226, 231, 232, Hell 21. (Saloniki Kärst 80/81, Beloch 170/71). Dies war schon das Konzept des Prinzen Eugen, die Seegrenze bis zum Ägäischen Meer vorzuschieben. Ostende und Saloniki sollten die beiden Pole sein. Im tripolitanischen Krieg veranlaßte der österreichische Außenminister Alois Lexa von Aehrenthal* Italien, seine Schiffe von Saloniki zurückzuziehen. 1912 empfahl General Alexei Kuropatkin die Formel: Konstantinopel für Rußland, Saloniki für Österreich-Ungarn. Mit dem Einmarsch der Griechen Anfang November 1912 war für Österreich-Ungarn die Fata Morgana einer ägäischen Austria zerstoben. Im so genannten dritten Balkankrieg, Sommer 1913, war es das erste strategische Ziel des bulgarischen Generals Michael Sawow, den Griechen Saloniki zu entreißen, was auch der bulgarische Ministerpräsident Stojan Danew offen als sein politisches Ziel bezeichnete.

11 Endresultat des 40-jährigen Kampfes, Prop 229, Hell 5. Pharao; Großkönig; Königtum Philipps IV.

12 Ägypten, im Besitz Zyperns und Phöniziens mit ihren Matrosen und Wäldern, war die erste Seemacht, das Seleukidenreich, das ungefähr dem alten Perserreich entsprach, die ausgedehnteste, reichste und volksreichste Landmacht der Mittelmeerwelt, Makedonien und Griechenland unter den Antigoniden die hellenische Kernmacht, mit allen Vorteilen und Nachteilen dieser Position. Vergleichung mit Rom, Prop 279.

## 3 Hellenistisches Königtum S. 6, 7

1 Die Köpfe der Herrscher erinnern an die Renaissancefürsten: lauter einmalige Profile, großartige Rowdys; Bilder Prop 222/23, 230, 298, 299, 277, 305, Bd 1:185*, jetzt zitiert, Hell 4/6.27.

Der Vergleich mit der Renaissance in Friedells früheren Worten: »Von Italien kann man im Gegenteil mit nur geringer Übertreibung sagen, daß es dort fast nur Individualitäten gegeben habe. Eine Fülle von scharf umrissenen Köpfen, einmaligen Physiognomien tritt uns auf den Plaketten, Porträts, Grabstatuen und Denkmünzen, in den Biographien, Briefen, Reden und Denkschriften, in Politik, Philosophie, Kunst und Geselligkeit entgegen: lauter bewußte und gewollte Besonderheiten, zum Eigenwillen, ja zum Eigensinn gesteigerte Profile« [Zitat aus KdN 188].

2 Im Westen Agathokles, 318–289 WbdA 9, Beloch 216/17. Schuldenerlasse und Landaufteilungen. Nannte sich βασιλεύς (basileus, Kaiser, König) trug aber nur einen Kranz, keine Krone.

3 Agathokles: ein Aushorcher und Fallensteller, Tartüff und falscher Volksmann, Menschenkaperer und Meuchelmörder über Richard III. und, was aber *nur* griechisch ist, ein Possenreißer und Kabarettist im Stil der Kyniker.

4 Der umgestülpte Euhemerismus,* Kärst 216, WbdA 171. Heroenkult. Empedokles. Lysander.

5 Es gehörte, so paradox dies für nichtantike Ohren klingen mag, mehr Kühnheit dazu, sich zum König als zum Gott zu ernennen, Kärst 342.

6 Aber auch Epikur gilt als σωτήρ (Soter, Retter, Heiland), als Theophanie, Erscheinung eines Gottes.

7 Der Herrscher muß, nach den Staatstheorien, ein Übermensch sein, Kärst 323. Er hat die *Pflicht* zu herrschen, Kärst 316. Die Tyrannophobie schlägt in Tyrannolatrie* um.

8 Feier des Geburtstags und Regierungsantritts, Eid bei der Person des Königs, Bild auf Münzen.

9 Kein „man“ und ähnliches, sondern „du“, Alt 140, WbdA 147.

10 Ebenbürtigkeit der Königin, Hell 11. Diadochen unter sich.

11 Die bis heute typische Königstracht, Hell 12. Demetrios Poli-

orketes ließ sich aus Gold und Purpur eine Chlamys weben, in die das Weltall mit allen Planeten gestickt war,

12 Hofämter, Hell 11.17.18. Residenzen, Audienzen, Dekrete, königliche Sendschreiben. Der Staatsrat, Kärst 349. Der Historiograph. Hoftheater, Christ 19.

13 Regalien = Landesherrliche Hoheitsrechte, Hell 27. In Ägypten Leinwandfabrikation.

14 Bürokratie, Kärst 180/81. Aktenflut, „über Bestechungen wird ja nicht quittiert“ (Ulrich von Wilamowitz).

15 Alexandria war „die Stadt“. Die Griechen haben sonst nur noch Ptolemais in Oberägypten gegründet (la cour et la ville), alles andere hieß „das Land“. Residenz, Sorbonne, Tempel, Gardekasernen, Flottenbasis, Nilkanal, Sternwarte.

16 Alle Städte aus demselben Prägestock oder Warenhaus, Amerikanismus, Hell 14.74, Beloch 264/65, 276/77, 414. Straßen. Die Hauptstraße gut gepflastert oder auch schon mit gestampftem Schotter (Makadam) belegt, die Nebenstraßen weniger. Palmyra, angeblich von König Salomo gegründet, die Ruinen aus spätrömischer Zeit. Den Eingang zur Säulenstraße bildete ein Prachttor, 11 m breit, zwei je 5,5 m breite überdeckte Bürgersteige, zusammen 750 Säulen, WbdA 471, 583. Ebenso oft aber ein anderer Typus: eng wegen Schatten, daher fast nur Fußverkehr. Lastwagen durften nur in den Morgenstunden fahren; war ein Wagen in der Straße, so mußte ein entgegenkommender warten, bis er herausgefahren war. Vergnügungsfahrten nur auf den Landstraßen, auch Reiter nur außerhalb der Stadt. Transport durch Karren und Esel. In Priene und anderwärts verwandeln sich die Straßen vielfach in Treppen, sind also für Fuhrwerk überhaupt nicht passierbar.

Die Hauptstraße (Säulenstraße) in Antiocheia etwa 6,5 km lang; in allen guten Wohnhäusern fließendes Wasser; „bei uns“, sagte der Antiochener Libanios in einer Lobrede auf seine Vaterstadt, „unterscheidet sich die Nacht vom Tage nur durch die Verschiedenheit der Beleuchtung; wer will,

schmiedet und wer will, tanzt. Es ist hier so, daß Hephaistos und Aphrodite sich ~~hier~~ in die Nacht teilen.“
Übergang: Weltstadt – Weltwirtschaft.

## 4 Hellenistische Wirtschaft

S. 8, 9

1 Weltwirtschaft,[*] Hell 37. Aus Indien Gewürze und Juwelen, Baumwolle und Stahl, sogar schon Indigo und (chinesische) Seide. Griechischer Einfluß auf indische Astronomie, Drama, Baukunst, WbdA 201. China nur dem Namen nach bekannt, als Land der „Seidenleute“.

2 Infolge der neuen Verkehrslage Aufblühen kleiner Staatswesen wie Rhodos, Hell 38, Beloch 299, und Pergamon (Vergleich mit Holland und Portugal).

3 Merkwürdig ist es, daß neben Getreide, Glas, Papier, Leinwand einer der Hauptausfuhrartikel Ägyptens das unreine Schwein[*] war. Die Schweine aus dem Faijum waren besonders berühmt.

4 Die königlichen Fabriken in Alexandria beschäftigten freie Arbeiter, die vom Verkauf Tantiemen bezogen. Überwiegen der freien Arbeiter, Beloch 309.

5 Kartelle, Hell 40.

6 Banken auch in kleineren Orten; Gemeindebanken; königliche Zentralbank in Alexandria.

7 Neben dem Geldgiroverkehr Naturaliengiroverkehr: Feldfrüchte wurden in staatlichen Magazinen eingespeichert, und ein „Kontoinhaber“ konnte Getreide, das er in einer Stadt eingezahlt hatte, in einer anderen (entlegenen) aus dem dortigen Staatsspeicher beheben, wodurch der Transport entfiel, auch das Risiko der privaten Aufspeicherung.

8 Eine Art Papiergeld im römischen Reich, Momm 2:397/98.

9 Prunkschiff „Syrakosia",* Beloch 307. Auf dem obersten Deck ein Gymnasion mit Promenade, Rabatten in Bleikästen, Efeu in Kübeln; eine Bibliothek; ein Fischteich; ein Badebassin; Repräsentationsräume mit Statuen, Bildern, Zypressentäfelung, Türen aus Elfenbein; Fußboden mit Achat ausgelegt; natürlich auch Schlafzimmer und Speisesalons.
Die Prachtgaleere, in der Kleopatra* Cäsar nilaufwärts führte, war ein mehrstöckiger schwimmender Palast mit Aussichtstürmen, Purpurbaldachinen, Säulenkolonnaden, einem Bacchustempel und Luxuskabinen, die mit Alabaster und Rosengranit, Topasen und Amethysten ausgelegt waren. Im Speisesaal waren die Säulen aus Achat, die Wände aus Elfenbein, die Teppiche aus Brokat, die Balken aus reinem Gold.
Das 264 erbaute Riesenschiff „Alexandria" war mit Bleiplatten beschlagen.
Archimedes konstruierte Krane, die die schwersten Schiffe zu heben vermochten. All dies behielt aber Experimentcharakter.

10 Heron*: Turbine. Ktesibios*: Windbüchse. Archytes von Tarent*: Flugapparat in Gestalt einer hölzernen Taube, bei der komprimierte Luft wie ein Motor antreibt. Eratosthenes, WbdA 157. Große Entwicklungen sind nur möglich, wenn eine dauernde Tradition, das heißt ein großes allgemeines Interesse sie weiterträgt. Dieses fehlte. In der Neuzeit umgekehrt bei der Plastik.

## 5 Hellenistische Gesellschaft S. 10

1 Die Kräfte, die bisher die Polis aufsaugte, werden jetzt frei. Der Grieche wird weltläufig

2 Der τέλειος ανήρ (teleios aner), perfekte Weltmann, Christ 5.

3 Der Zivilist wird geboren. Wir sagten es; aber ebensogut kann man sagen: Niemand war Zivilist.

4 An die Stelle des Staats tritt die Gesellschaft und die Gesellschaften, Kärst 367, Beloch 423.

5 Stoa: Mann und Weib, Grieche und Barbar, Freier und Sklave fallen unter den allgemeinen Oberbegriff Mensch. Dies hat nie zu einer Gleichstellung geführt, aber doch, als unterirdische Macht die „öffentliche Meinung“ die Lebenspraxis sehr merklich gewandelt, Beloch, 412, Euripides, Momm 1:875.

6 In der Komödie kommen nicht nur verschmitzt überlegene, sondern auch das Prinzip der Sittlichkeit vertretende Sklaven, ja sogar Ehen zwischen Freien und Sklaven vor.

7 Der κοινή (koiné) als überregionaler Gemeinsprache bedient sich die Regierung in Alexandria und Antiochia, Hannibal und der römische Senat, die Bibelübersetzung und die neue Komödie, Beloch 409/10, Christ 4. Die attisch sprechenden Ionier wollten zwar attisch sprechen, ionis-ierten aber unwillkürlich, tt = ss. [Meer = thalassa (ionisch), thalatta (attisch)]

8 Wie es im 18. Jahrhundert viel seltener war, daß ein Franzose deutsch sprach und schrieb als umgekehrt, so haben viel eher die Römer griechisch gesprochen als die Griechen lateinisch. Die Amtssprache des römischen Reichs war aber selbst im Osten das Lateinische, ebenso die Armeesprache. Die meisten Hellenen waren der Ansicht Strabos, man brauche nicht lateinisch zu können, weil man ja alles aus erster und besserer Quelle im Griechischen habe.

9 Die letzten Worte des Pompeius an seine Gattin waren ein griechisches Dichterzitat über Herrschaft und Knechtschaft, ein anderes Zitat über dasselbe Thema wurde auch aus den allerletzten Tagen Cäsars überliefert, es war ebenfalls griechisch; WbdA 14. Alea iacta est, navigare necesse est, vivere non necesse est; Ciceros Briefe, die Dramen, Lieblingssprache der Liebenden. Selbst bei den römischen Komikern, pour la galerie, finden sich griechische Phrasen und Wortspiele. Zur Zeit Cäsars öffentliche Aufführungen griechischer Dramen im Original πλεῖν ανάγκε ζῆν οὐκ ἀνάγκε,

(plein ananke, zen ouk ananke), d. h. wie oben: Seefahrt ist notwendig, leben nicht.

10 Amtssprache griechisch, die Ptolemäer verstanden nicht ägyptisch. Offiziere und Beamte bilden eine neue Oberschicht, eine Art Hofadel, fast nur aus Makedonen und Griechen (hierin waren die Diadochen keine Diadochen). Übergang: Kriegswesen.

## 6 Hellenismus, Kriegswesen S. 11

1 Söldner, Hell 46/47, Beloch 273.

2 Hauptträger des Angriffs war die Phalanx. Versuchsweise verschieden lange Speere für die hintereinander stehenden Glieder, gewöhnlich 16 m tief. Nachteile: Flanke und Rücken ungedeckt; Gelände. Das manövrierfähige Element ist die (zum großen Teil schwere, massiv gepanzerte, lanzenführende) Reiterei.

3 Drillmeister; auf Kommando die fünf vordersten Sarissen* senken, die hinteren in spitzem Winkel hochheben.

4 Schwere Steinkugeln, Prop 225.

5 Bleibohnen mit „χαῖρε“ (chaire, Schleuderkorb). Ein Geschütz hieß Waldesel*, da dieser mit den Hinterhufen ausschlagend Steine schleudert.

6 Der Richtkanonier vermochte bis auf 100 Schritt genau einzustellen, über 200 ließ ~~sich~~ die Zielsicherheit und Durchschlagskraft rasch nach. Von den Römern nicht erreicht, da sie die Technik der Anfertigung von Spannsehnen nicht beherrschten; sogar von den Pulvergeschützen erst allmählich übertroffen.

7 Blütezeit der Torsionsgeschütze, trotzdem wegen ihrer zeitraubenden Handhabung im Bewegungskrieg faktisch bedeutungslos, wegen der Stärke der Mauern im Belagerungs-

krieg nicht entscheidend. Sie mußten beim Transport zerlegt werden. Eine Artillerie, die keine eigentliche Fernwaffe war.

8 Katapulte und Ballisten, Hell 50, Prop 294/95.

9 Demetrios Poliorketes, Hell 50/51, hat sich übernommen. Denn er ließ die größten Schiffe und Belagerungsmaschinen bauen, scheiterte aber beim Angriff auf Rhodos und trug entscheidend zur Niederlage bei Ipsos bei.

10 Elefanten. Von Alexander geplant, Hell 48, fälschlich der Artillerie zugerechnet. Türme mit Bewaffneten; Lenker besaß Stachelstab zum Töten. Zur Aggressionssteigerung Wein, in Indien Rum. Gingen auch gegen die feindlichen Elefanten. Gepanzert? Übergang: der Krieg eine Wissenschaft.

## 7 Hellenismus, Wissenschaft, allgemein S. 12

1 Der Gebildete wird geboren, Bd 1:209/11*. Das Ideal auch des Nichtgelehrten war die Polymathie, die fächerübergreifende Gelehrsamkeit.

2 Der Spezialist, Kärst 184.

3 Winckelmann: „Gelehrt sein, das heißt zu wissen, was andere gewußt haben, wurde bei den Griechen spät gesucht." Nun aber doch; Und wie sie alles so perfekt gemacht und gekonnt haben, als es nur möglich ist, so haben sie auch hier für alle Zeiten den Typus geprägt.

4 Der Vater der Vielschreiberei ist Aristoteles,* Beloch 437.

5 Das Museion von Alexandria*, Christ 17. Große Bibliotheken auch in Pergamon, Antiochia und andernorts.

6 Ende des 3. Jahrhunderts die pergamenische Bibliothek der Attaliden im Wettstreit mit der alexandrinischen. Krates von Mallos wirkte in Pergamon: allegorische Homererklärung.

7 Wissenschaftliche Traumbücher und Kochbücher, Wunderbücher, Hell 129.

8 Nur in einem waren die Alexandriner keine Polyhistoren: Sie waren niemals polyglott. Sie machten Homerlexika, aber keine ägyptischen, sie kommentierten bis zum Überdruß die klassische Philosophie, aber kein einziges Weisheitsbuch des Ostens.

9 Geschichte aller Wissenschaften. Theophrast: *Geschichte der physikalischen Theorien* (Φυσικῶν δόξαν *(Physikon doxai),* womit er die Theorie der Sinneswahrnehmung meint; Geschichte der Geometrie. Atthidenschriftstellerei, Lokalgeschichten Athens, Christ 109, Prop 236, Beloch 499/501. Dies alles ist keine Geschichte im modernen Sinn, sondern Atlas, Herbarium, Galerie, Potpourri. Alle antike Geschichte ist *Geographie*.

10 Chirurgische, botanische, mechanische Werke hatten zahlreiche erläuternde Abbildungen, auch historische waren illustriert, und lyrische mit Vignetten.

11 Duris aus Samos, geboren um 340, nur spärliche Fragmente, Christ 208/9 vermißt in den Historien seiner Vorgänger μίμησις und ἡδονή (Mimesis und Hedone), dramatische Anschaulichkeit und Amüsement. Plutarch: Duris halte sich selbst dort, wo er kein Interesse daran habe, zu lügen, aus alter Gewohnheit nicht an die Wahrheit.*

12 Eratosthenes aus Kyrene, 275–195, β = der zweite Platon πένταδλος (pentathlos), Polyhistor, WbdA 165, Philolog, WbdA 497. Christ 247, Mathematiker, Heib 22/23. Geograph, Heib 84. Begründer der mathematischen und physikalischen Geographie, Prop 313. Philosoph: Schrift über Gut und Böse, Christ 253, Dichter, Christ 252, was, da alle nur Gelehrte waren, nicht verwunderlicher ist als Albrecht von Hallers „Alpen“.

13 Zenodotos von Ephesus, seit 285 der erste Bibliotheksdirektor von Alexandria. Einteilung der Ilias und Odyssee in 24 Bücher. Seltenere Ausdrücke ersetzte er durch gewöhnliche, ‚Unwürdiges‘, ‚Ungereimtes‘, ‚Prosaisches‘, ‚Überflüssi-

ges' strich er, aus dem letztgenannten Grunde zum Beispiel die ganze Schildbeschreibung. Untersuchungen über den homerischen Sprachgebrauch.

14 Aristophanes von Byzanz, um 257–180, Philolog, Christ 255. 262.

15 Aristarch aus Samothrake, nicht vor 217–145, Philolog, Christ 266. Zusätze der Diaskenasten, die von einer späteren Zusammensetzung der homerischen Gesänge aus kleinen Epen ausgingen, Fälscher, Interpolatoren. Kriterien: unhomerische Wörter und Formen, innere Widersprüche, Verstöße gegen die poetische Art Homers und sein Bild von den einzelnen Charakteren und den Kulturverhältnissen.

16 Dionysios Thrax hat um 100 v. Chr. den gesamten Lehrstoff der Grammatik in einem Handbuch zusammengefaßt, das, durch das ganze spätere Altertum und das Mittelalter kanonisch, noch heute in Einteilung und Terminologie die Grundlage des philologischen Schulunterrichts bildet.

## 8 Hellenismus, Naturwissenschaften S. 13, 14

1 *Zoologische Gärten, Beloch 484.

2 Medizin, Beloch 485/87. Funktion des Rückenmarks.

3 Euklid schrieb sein Lehrbuch (*Stoicheia, Elemente*) um 300, Hell 134, Christ 274, Heib 20, 77. Auch die Arithmetik in (griechisch!) geometrischer Einkleidung. Auf Englisch: Euclid = figurative Geometrie. Im Mittelalter: Professur des Euklid = die Geometrie.
Anekdoten: Ptolemaios I.: Ob es nicht einen bequemeren Zugang zur Geometrie gebe als die „Elemente". – Zur Geometrie gibt es für Könige keinen Privatweg. Schüler, nach dem ersten Satz der „Elemente": Was habe ich nun davon, daß ich das weiß? – Sklave, gib dem Mann drei Obolen, da er studiert, um Profit zu machen.

4 Aristarch von Samos, etwa 320–250: heliozentrisches System, Heib 52/53.

5 Pytheas von Massalia,[*] Hell 137, <u>Beloch</u> 475. Händler, Geograph und Entdeckungsreisender.

6/7/8 Archimedes, 287–212, Leistungen, Hell 135, WbdA 505 (π), 266 und 532 (heureka und noli me tangere); löste kubische Gleichungen, fand das Hebelgesetz: Die aufgewendete Kraft steht zur Last im umgekehrten Verhältnis der Hebelarme. Hebelarm x Kraft = Hebelarm x Last, das heißt um ein zehnmal größeres Gewicht zu heben, genügt es, den Hebelarm zehnmal länger zu machen. Er fand das Prinzip des Flaschenzuges, der Schraube, der schiefen Ebene, Christ 277, Beloch 483.

7 Archimedes: Die Volumina einer Kugel und eines Zylinders, der deren größten Kreis zur Basis und deren Durchmesser zur Höhe hat, verhalten sich wie 2 zu 3[*]. Auf seinen Wunsch als Inschrift aufs Grab.

8 Archimedes: Zusammensetzspiel für Kinder, das noch heute unter dem Namen „Pythagoras“ bekannt ist.

9 Apollonios von Perge in Pamphylien, gegen 200 in Alexandria tätig, Beloch 484, Christ 278, Heib 77. Analytische Geometrie, und schon vor ihm Archimedes; aber da, ebenso wie die Infinitesimalrechnung, unantik, blieb sie ohne Nachfolge (Archimedes).

10 Hipparch von Nikaia, 190–120, <u>Prop</u> 313. Vater der wissenschaftlichen Astronomie, Sternenkatalog, Himmelsglobus.

11 Ktesibios von Alexandraia, 3. Jahrhundert? Erfinder der Wasserorgel, WbdA 461, löst das Uhrproblem (der Wasseruhr, Klepshydra, mit verbessertem Zulauf) WbdA 730, Feuerspritze nach dem Prinzip der Dampfspritze. Zahnradgetriebe.

12/13 Heron von Alexandria, ~~um 125?~~, 10–70, Erfindungen, Hell 135/36, wobei die Priorität nicht immer feststeht, Heib 72. Erste Wärmekraftmaschine.

13 Heron, Weihwasserautomat:[*] gegen Geldstück Weihwasser auf die Hände der Tempelbesucher (beschrieben in „Pneuma-

tica"); erster Verkaufsautomat: Everitt London 1885. Versenkungen im Theater.

14 Philon aus ~~Eleusis~~ Byzanz:* Rezept zur Bereitung von Fleischextrakt, zur Verhinderung von Schimmelbildungen.

15 Strabon, 63 vor - 19 nach Chr., WbdA 670. Der bedeutende Geograph berichtete ebenso gut über von ihm bereiste wie nicht bereiste Gegenden.

## 9 Polybios, um 205 bis 120 S. 15

1 Reisen in die behandelten Länder; archivalische Studien; diplomatischer und militärischer Fachmann.

2 Von seinem Werk ist nur ein Achtel erhalten. Geschrieben hat er in ursprünglich 40 Bänden die Geschichte Roms („Historíai").

3 Tendenz und Anlage des Werks, Hell 123.

4/5 Art seiner Historiographie, Hell 123/24.

5 Der Vater der Gelehrtengeschichte, Hell 124.

6 Gegen Thukydides gehalten ist Polybios ein Dilettant, in einem höheren Sinne, als er im wissenschaftlichen Sprachgebrauch gilt. Der Dilettant ist auf allen Gebieten der Mensch, der privat geblieben ist, nicht etwa, weil er sein Ich nicht auslöscht, wie Ranke und Flaubert (keine Dilettanten) irrtümlich und vergeblich forderten, sondern dessen Ich nicht Gestalt geworden ist. Im Grunde wurzelt dieser künstlerische Defekt (wie immer) in einem moralischen. Polybios ist ohne Schwung und Anmut, weil er als Mensch kleinlich und aufdringlich ist.

7 Ist Polybios Pragmatiker? WbdA 518. Nein: denn er ist Annalist; ja: denn er ist lehrhaft.

## 10 Poseidonios, rund 135 bis 50

S. 6

1 Der Philosoph, Geschichtsschreiber und Universalgelehrte stammte aus dem syrischen Apameia. Nur eine nicht sehr große Zahl von Fragmenten erhalten, Christ 348.

2 Ansehen, Christ 348/49.

3 Cicero, Pompeius, Varro und andere besuchten ihn in Rhodos.

4 Paul Wendland: der letzte große Grieche. Er hatte einen ähnlichen Einfluß wie Descartes auf die Barocke, Voltaire auf die Aufklärung, Hegel im 19. Jahrhundert, Nietzsche.

5 Allgemeine Charakteristik, Stil, Christ 347.

6 Die ἱστορίαι („Historiai"), Christ 349, 52 Bände in Fortsetzung des Polybios.

7 Naturwissenschaftliche Werke, Christ 350. Er unterschied bereits sieben Klimazonen.

8 Rhetorik, Taktik, Kunstwissenschaft.

9 Über die Tugenden, über die Leidenschaften, über die Götter, über die Orakel, über das Schicksal etc.

10 Mystik, Christ 352. Übergang: Stoiker.

## 11 Stoiker

S. 17, 18

1 Zenon, gegen 340 bis 270, Deussen 395/97. Kleanthes, gestorben 251, Chrysipp, gestorben gegen 205, Deussen 397/99.

2 Fast alle waren Asiaten und zum Teil Semiten (der Beduine).

3 Starrer Schwarzweißdualismus, Deussen 423/24.

4 φύσις = λόγος (Physis = Logos). Die Weltvernunft ist ein alles durchwaltendes, belebendes und bewegendes Feuer, auch sie ein Stoff, der reinste und edelste.

5 Die Seele materiell, Deussen 414.

6 Die Seele eine unbeschriebene Wachstafel, Deussen 411; die Begriffe, teils absichtslos durch den uns angeborenen Denkmechanismus erwachsen, teils durch bewußte Schlüsse aus den Wahrnehmungen und Erinnerungen gezogen, sind subjektive Gebilde, denen nichts Wirkliches entspricht, ein Vorurteil (πρόληψις, prolepsis, praesumtio), aber ein allgemeingültiges. Aus Wahrnehmungen entstehen Erinnerungen, aus Erinnerungen Erfahrung.
Cicero: „Es gibt keinen Menschen, der nicht auch ohne Unterweisung einen Vorbegriff (anticipatio, πρόληψις, prolepsis) von den Göttern hätte, das heißt eine jener vom Geiste von vornherein gefaßten Vorstellungen, ohne die weder Verständnis noch Untersuchung noch Streit möglich wäre"; innatae cognitiones, angeborene Begriffe; auf ihnen beruht der consensus gentium (Übereinstimmung der Völker = generelle Übereinstimmung).

7 Ewige Wiederkunft des Gleichen, Kreislauf von Weltbildung und Weltzerstörung, Deussen 418.

8/9 Die Götter geistige Potenzen, groteske Etymologie*: Zeus Ζῆν (Zen), Ableitung Δία, διά, (Dia, dia), Hera ἀήρ (aer), Mythos von der Zerreißung des Dionysos = Bild der Weinbereitung.

9 Allegorische Auslegung der Mythen, zum Teil von größter Gewaltsamkeit, Absurdität und Geschmacklosigkeit.

10 Fatalismus, Kärst 159/60, Deussen 420.

11 Naturrecht, Kärst 143, Bd 1:345.* Lehre vom besitzlosen Naturzustand.
Dikaiarch von Messene,* βίος Ἑλλαδος, („Bios Hellados", „Leben Griechenlands"*), Schüler des Aristoteles: erst mit dem Streben nach „überflüssigen Gütern" begann der Kampf, die Ungleichheit, die Pleonasie, und zwar mit dem Übergang

vom Genuß der wilden Früchte und Tiere zu Ackerbau und Viehzucht (Rousseau).
Andern gilt der (fabelhafte) lykurgische* Staat als die Verwirklichung des (kommunistischen) Gemeinschaftsideals oder das Leben der Naturvölker, zum Beispiel der Äthiopen im Süden, der Skythen im Norden, der – wie sie schon Homer nennt – „gerechtesten aller Menschen" (Stilbild einer germanischen Urzeit – Indianerromantik).
Euhemeros: Die Volkswirtschaft verstaatlicht, alle Feldfrüchte, alle Arbeiten der Handwerker werden in öffentliche Magazine gebracht, Priester verteilen den Produktionsertrag, nur Haus und Garten Privatbesitz.
Im Sonnenstaat des Jambulos allgemeine Nährpflicht. Jeder soll abwechselnd jede Arbeit verrichten. Führerprinzip, die Leitung der einzelnen Genossenschaften ist zentralisiert im Hegemon (Führer).

12 Kosmopolitisches Euripidesfragment, Kärst 133, Beloch 411.

13 Philosophie = Tugendübung, ἄσκησις ἀςετῆς und ἀςετή = σοφία (askesis aretes und arete asete = sophia, Weisheit).

14 Gehorsam gegen das Weltgesetz. Das naturgemäße Leben, Deussen 421.

15 Die Lust ist ein πάθος (Pathos), ein leidender Zustand der Seele, gleich der Trauer oder Furcht. Auch in der Natur herrscht nicht der Trieb nach Lust, sondern nach Selbsterhaltung, nach Erfüllung der Bestimmung, nach dem κατά φύσιν ςῆυ (kata physin zen, gemäß der Natur leben).

16 Die Askese der Stoiker ist weder mystisch, als ein Weg, gottähnlicher zu werden, noch moralisch, als ein Akt der Demut, sondern rationalistisch, als ein Mittel, sich das Leben zu erleichtern. Sie ist Weltflucht, aber nicht buddhistisch ins Nichts, nicht christlich ins Jenseits, sondern in die Autarkie des Individuums; olympische Religion.

17 Die Adiaphora: Alles andere als Tugend und Last ist ‚gleichgültig'; das Ideal des Weisen, Deussen 423/25.

18 Epiktet (60–140 n. Chr.) Wahlspruch, Deussen 407: „Die Meinung der anderen muß dir gleichgültig sein! Laß dich nicht aus der Fassung bringen! Wahre das rechte Maß!"

Er war eigentlich Kyniker. Der Philosoph darf dem gewöhnlichen Menschen nicht gleichen. Er muß seine Seele als den Stoff betrachten, den er zu gestalten hat wie der Zimmermann das Holz, der Schuster das Leder. Der Leib geht ihn nichts an, seine Teile gehen ihn nichts an. Der Tod geht ihn nichts an. Die Verbannung geht ihn nichts an. Kann man ihn denn aus der Welt verbannen? „Wo ich bin, da ist die Sonne, da ist der Mond, da sind Sterne, Träume, Götterzeichen, ist Verkehr mit Göttern."

„Seht mich an: ich bin ohne Obdach und Heimat, ohne Besitz und Bedienung. Ich schlafe auf dem bloßen Boden. Ich habe nicht Weib, Kind, Haus, ich habe nur Erde und Himmel und einen schäbigen Mantel. Und was fehlt mir? Bin ich nicht heiter, bin ich nicht sorglos, bin ich nicht frei? Hat mich je einer von euch verdrießlich gesehen? Wie begegne ich denen, die ihr fürchtet und bewundert? Wie Sklaven! Wer vermeint nicht, wenn er mich erblickt, seinen König und Herrn zu sehen? Der Kyniker muß Schläge empfangen wie ein Esel und dabei noch, die ihn schlagen, lieben, als wäre er ihr Vater und Bruder."

Du aber rennst zum Proconsul, wenn man dich schlägt. Als ob es einen andren Proconsul für den Kyniker gäbe als Zeus, der ihn vom Himmel gesandt hat! Wenn schon ein Verwandter des Kaisers im Gefühl der Sicherheit dahinlebt, um wieviel mehr muß er, der Schützling Gottes sich geborgen fühlen! Niemand verhöhnt, niemand schlägt, niemand beschimpft ihn. Denn all das trifft nur die Außenseite seines Wesens, die gar nicht zu ihm gehört. Tief drinnen im Innern aber lebt der Seher, der über gut und böse richtet, der Dämon, in die Brust gesenkt von Zeus, der ewige Aufpasser, der sich weder täuschen noch einschläfern läßt.

19 Hegesias, um 300, Kyrenaiker*, Deussen 196/97.

20 Lobpreisung der Menschenliebe und des Selbstmords, der Freundschaft und der Einsamkeit, Catonismus und tout

comprendre (Alles verstehen, heißt alles verzeihen); die Welt als vollkommenste Harmonie und Theater der Torheit; unerbittliches Fatum und gütige Vorsehung; abstraktester Pantheismus und massivster Zauber- und Orakelglaube.

21 Die Schauspielerei der Stoiker: Seneca, Deussen 403. Aber: „Aliter loqueris, aliter vivis." Hoc Platoni obiectum est, o Epicuro, o Zenoni. Omnes enim isti dicebant, non quemadmodum ipsi viverent, sed quemadmodum esset ipsis vivendum. De virtute, non de me loquor. „Du redest anders als du lebst", sagst du. Das wurde Plato vorgeworfen, das wurde Epikur vorgeworfen, das wurde Zenon vorgeworfen. Alle diese nämlich sagten, nicht wie sie selbst lebten, sondern wie sie selbst leben müßten. „Ich rede über die Tüchtigkeit, nicht über mich."

22 Schließlich zerrann das Ganze in die berüchtigte Aretologie,* das Gerede über Tugend, das manche zu einfältiger Bewunderung, viele zum Spott, die meisten zur Flucht hinriß.

## 12 Epikureer

S. 19, 20

1 Epikur, 341–270, seit 306 in Athen, Deussen 431.

2 Epikur schrieb in der Sprache des täglichen Lebens: ungekünstelt, ungeputzt; seine Gegner schmähten ihn: ungepflegt, ja ungebildet. Autodidakt, zitierte nie.

3 Briefform, Christ 54. Leibniz, der nachweislich über 20.000 Briefe erhalten und 15.000 geschrieben hat.

4 Das Bild, das etwa von Nietzsche übrig bliebe, wenn von ihm ebenso viel erhalten wäre wie von Epikur, nämlich von 40 Abhandlungen und allem anderen nur drei Briefe und einige Fragmente. Das Bild, das schon heute in zahlreichen Strohköpfen übrig geblieben ist.

5 Logik = Kanonik zu praktischem Zweck, Deussen 436.

6 Es gibt nur den leeren Raum und die Materie, die aus Atomen besteht, Deussen 440.

7 Materielle Seele, Deussen 442/43.

8 Es hieße der Hoheit der Götter zu nahe treten, wenn man glaubte, daß sie sich um uns kümmern; wir müssen sie aber verehren um ihrer Vollkommenheit willen. Das heißt: Die Götter sind in unserer Brust! Materielle Götter, Deussen 442, sogar griechisch sprechen sie. Der der Antike einzig mögliche Versuch, Weltlauf und echte Gottesvorstellung zu versöhnen.

9 Diokles:[*] Nie habe ich Zeus größer gesehen als in jenem Augenblick, da Epikur zu seinen Füßen lag.

10/11-15 Lustlehre, Deussen 444/48 (am Schluß Charakteristik Deussens: Die viel zu wenig bekannte und benützte, die in ihrem griechischen Teil sogar die Eduard Zellersche[*] nicht an Selbständigkeit und Tiefe der Forschung, aber an Klarheit und Gedrängtheit der Synopse eines reichen und wohlgewählten Materials noch übertrifft, aber sich~~, wenn,~~ in der kleinmeisterlichen Enge eines banalen Fachphilosophen bewegt).

11 Das Gute ist, was allein um seiner selbst willen erstrebt wird. Nun ist aber die Lust das einzige, was so erstrebt wird. Also ist die Lust das einzige wahre Gut und die Unlust das einzige wahre Übel. Auch hier dieselbe dogmatische Nuancenlosigkeit wie beim stoischen Begriff des Weisen.

12 Abwesenheit des Schmerzes und der Furcht, Kärst 101/2.

13 Keine Verwicklungen, Kärst 104. Das Kuhglück der Abendröte.

14 Brot und Wasser können die größte Lust gewähren, da sie naturbedingte Bedürfnisse befriedigen (Epigramm).

15 Epikur aß Käse als Festspeise und versuchte das Mindestquantum an Nahrung zu eruieren. Nietzsche, Peter Altenberg; Puritanismus als Lebenskunst.

16 Die epikureischen Freundschaften; Epikur verlangte seinerseits die pythagoräische Gütergemeinschaft nicht, da sie unter Freunden überflüssig sei und ein Zeichen mangelnden Vertrauens.

17 Lukrez, 99–55, WbdA 386. „Von den letzten Dingen" oder auch „Die Physik".
Frühling und Gewitter, Waldeinsamkeit und Großstadt, Liebestaumel und Familienglück, eingelassene Tafelbilder, die den Dichter offenbaren, Hell 381.
Den augusteischen Dichtern und auch Neueren, z.B. Goethe, imponierte vor allem seine poetische Kraft, während der Materialismus seit Gassendi* vor allem aus ihm schöpfte
Felix, qui potuit rerum cognoscere causas / atque metus omnes et inexorabile fatum / subiecit pedibus strepitumque Acherontis avari. (Glücklich, wem es gelang, die Gesetze der Welt zu erkennen, wer, von Beängstigung frei, das unerbittliche Schicksal und des gierigen Acheron Rauschen zu Füßen sich legte!) Vergil: *Georgica* II, 490 ff.
Vergil pries ihn selig, da er, die wahren Ursachen der Erscheinungen erkennend, die Menschheit von den Schrecken des Fatalismus befreit habe und mit kühnem Fuß über das Gekreisch des gierigen Acheron hinweggeschritten sei.
Die Götterfurcht und Todesfurcht ist unser Tantalus, die Lebensgier unser Sisyphus, die Gewissensqual unser Cerberus, Hell 380.
Gewänder werden feucht und trocken, ohne daß man die Wasserteilchen kommen und gehen sieht; das Straßenpflaster wird von den Füßen unmerklich abgetreten; steter Tropfen höhlt den Stein. Die scheinbare Ruhe der Objekte, deren Atome sich in unaufhörlicher Bewegung befinden, vergleicht er mit einer Herde fröhlich hüpfender Lämmer, von der wir aus der Ferne auch nichts ausnehmen als einen weißen Fleck auf grünem Hügel.
Die Rolle der Seele im Körper vergleicht er mit der Blume des Weins, dem Duft der Salbe.
Nachdem die Atome jede Art der Bewegung und Zusammensetzung durchgemacht hatten, haben sie sich zu der

derzeitigen Schöpfung angeordnet, die also nur ein Zufall und Spezialfall ist, aber eben wegen ihrer Zweckmäßigkeit Bestand hatte. Cicero: Mit demselben Recht könnte man erwarten, daß die 21 Buchstaben des Alphabets, in zahllosen Exemplaren in einen Sack getan und dann auf die Erde geschüttet, die Annalen des Ennius ergeben werden.

## 13 Skeptiker

S. 21

1 Pyrrhon von Elis, 360–270, Leben, Deussen 449, französisch pyrrhonien, Zweifler.

2 Pyrrhon: Jedes Ding ist ebenso gut dies wie das, es ist um nichts mehr so als so beschaffen.

3 Pyrrhon: Nichts ist an sich gut oder böse, Deussen 450.

4 Agnostizismus, Deussen 450/51.

5 ἐποχή (Epoche, auch ihr Startpunkt), Deussen 451. Arkesilaos: Um vernünftig zu handeln, genüge es, der Wahrscheinlichkeit zu folgen. Änesidemus*: Sofern wir zu handeln gezwungen sind, werden wir teils dem Herkommen, teils unserem inneren Gefühl, teils dem „Bedürfnis“ folgen. Die Alleszermalmende, die Zeit, endet im Alltag und Kompromiß.

6 αταραξία (Ataraxia, Unerschütterlichkeit), Deussen 451.

7 Pyrrhon hat wie Pythagoras, Sokrates, Diogenes nichts geschrieben. Ihm war wichtiger als die *Theorie* der Skepsis die auf Einsicht ins Nichtwissen gegründete Praxis der Ataraxia, der Seelenruhe. Da wir von den Dingen nichts wissen können, so sind sie Adiaphora.

8 Da *alles* Schein ist, so sind die religiösen Vorstellungen nicht weniger, aber auch nicht mehr Schein als die anderen. Sie werden als Dogmen abgelehnt, aber als Konventionen, sogar nützliche, zugelassen.*

9 Karneades: gegen die Begründung des Götterglaubens aus dem Consensus: Es gibt Atheisten, und die Mehrzahl der Menschen sind Toren; Hunger und Durst sind unmittelbare Erfahrungen, darum esse und trinke ich, auch wenn ich keine Erkenntnis von diesen Funktionen habe. Sitte, Religion, Staat sind auch Gegebenheiten, denen ich mich unterwerfe (doppelte Wahrheit der Scholastik: secundum rationem, secundum fidem, (gemäß der Vernunft, gemäß dem Glauben).

## 14 Hellenistische Religion

S. 22, 23

1 το δεῖον (To theion), die Gottheit, das Göttliche, Beloch 444.

2 Die praxitelischen* Gottheiten sind Weltbeautés – Apoll von Belvedere und Zeus von Otricoli sowie Artemis von Versailles – und Theaterfiguren.

3 Eine Spielart des Euhemerismus* macht die Götter zu Erfindern: der Schiffahrt, der Schmiedekunst, der Leier, des Weinbaus und Ackerbaus.

4 Ennius: Die Götter kümmern sich nicht um uns, Momm 1:894; epikureisch, schon im ehrbaren Rom Catos.

5 Burckhardt, „Renaissance“: „Der Glaube ist dahin, aber die Magie behält man sich vor.“

6 Deisidaimonie, Götterangst, Aberglaube. Komödientitel: Menander: δεισιδαίμον (Deisidaimon, Aberglaube), Priesterin, Mondpriester; Antisthenes: Augur, Bettelpriester. Theophrast: Der „Abergläubische“. Läuft ihm ein Wiesel über den Weg, so geht er nicht weiter, ehe nicht ein andrer hinübergegangen ist, oder er wirft drei Steine über den Weg. Geht er an geweihten Steinen vorüber, so begießt er sie aus einem Fläschchen mit Öl. Hat ihm eine Maus den Mehlsack durchgenagt, so geht er zum Zeichendeuter. Hört er eine Eule schreien, so ruft er zitternd: „Allmächtige Athene!“

Nach jedem Traumgesicht läuft er zu den Traumdeutern, Wahrsagern, Vogelschauern. Erblickt er einen Fallsüchtigen oder einen Wahnsinnigen, so spuckt er aus.

7 Serapis, Kärst 269, Beloch 446/47.

8 Mysterien (Samothrake), Beloch 445.

9 Der makedonische Admiral Dikaiarchos errichtete sogar der Gottlosigkeit Altäre, was fast so aussieht, als ob er sich weniger über die Götter lustig machen als die Menschen zum Narren halten wollte, und jedenfalls stark nach Blague (Scherz) riecht.

10 An den homerischen Schattenhades glaubt das Volk noch heute in Griechenland.

11 Ein toter Schauspieler bittet auf seinem Grabstein die Passanten, ihn wie seinerzeit im Leben durch Händeklatschen zu erfreuen. Auf vielen anderen Gräbern aber steht: Wenn dort unten noch etwas ist.

12 Der Spielerglaube der großen Abenteurer. Das Glücksrad der Tyche. Die meisten italienischen Condottieri waren astrologiegläubig.

13 Tyche: Homer kennt sie noch nicht; den Rednern des 4. Jahrhunderts ist sie bereits ein geläufiger Begriff; in der hellenistischen Komödie herrscht sie sogar über die Götter, von denen sie auch den Neid übernommen hat.

14 Euripides schreibt im Drama „Hekabe“: Agamemnon: O wehe! Gibt es ein unseligeres Weib als dich? Hekabe: Keines. Wenn du nicht die Tyche selber meinst.

15 Die Tyche entspricht fast genau unserm Glück, noch genauer: Chance. Sie ist nicht gerade Zufall, aber über oder unter jeder menschlichen Berechnung. Der Übermensch vermag sie zu zwingen, der Durchschnittsmensch läßt sie über sich ergehen, das Verdienst ruft sie herbei, aber oft vergeblich und oft kommt sie auch ohne Verdienst, aber sie ist selber ein Verdienst. Cäsar zum Steuermann im Sturm: Du führst Cäsar und seine Tyche; darf hier mit Glück für den

Starken übersetzt werden. Die Fortuna ist launisch, blind, kommt im Schlaf, spielt mit den Menschen.

16 Sulla Felix, Momm 2:367/8.

17 Um 100 v. Chr. in Rom Tempel der Fortuna huiusque diei, Fortuna dieses Tages; für sie ein Tempel am Largo Argentina in Rom, Tyche des Augenblicks.

## 15 Hellenismus, Leben

S. 24 25

1 Das Leben wird privat: das Glück im Winkel, die kleinen Freuden des Alltags und die großen Schmerzen der Liebe als Sinn des Lebens.

2 Frauenemanzipation,* Beloch 426/28.

3 Nach Polybios herrschte in ganz Griechenland „aus Leichtsinn und Habgier“ das Zweikindersystem.

4 Pikante Brustgürtung, Hell 53, Fächer, aber nicht klappbar, breitkrempige flache oder Zuckerhüte. Bei S.* zählt der Schustermeister eine Menge Schuharten auf, Beloch 417, kostbare Lederziselierung, raffinierte Schnürung.

5 Aus Menander erfährt man, daß die jungen Mädchen dünn wie Binsen waren und ebenso schwach.

6 Man kopiert Alexander, Hell 142. Er trug übrigens, nach dem Alexandermosaik, nach dem Goldmedaillon „Alexander mit der Lanze“ und anderem zu schließen, einen kleinen Backenbart.

7 Ein Seleukide wollte ihn wieder einführen, erreichte aber nur, daß er dadurch zur Kuriosität wurde und fortan der Mann mit dem Bart hieß, und bewies damit auch in dieser extrem monarchistischen Zeit, daß die Mode eine absolutere Macht ist als jedes Königtum.

8 In der Komödie tragen alte Herren Bart, die junge Generation ist bartlos. Der Bart der Philosophen hängt mit ihrer chargierten Weltverachtung zusammen. Blond wird Modefarbe, auch bei Stutzern.

9 „Es gibt viele Boioter, die den Monat mit mehr Gelagen besetzt haben, als er Tage hat“ (Polybios). Die sprichwörtliche Üppigkeit der Boioter.

10 Aus Theophrasts „Vornehmtuer“ erfährt man, daß Hunde aus Lakonien, Honig vom Hymettos, Tauben aus Sizilien, Paviane Mode waren; man bezog Gebäck aus Kappadokien, Rauchfleisch aus Lykien (wie Pommersche Lebkuchen).

11 Das Silphion* (libysche Gewürzpflanze) kommt langsam aus der Mode. Neu sind hingegen Rosengerichte. Athenaios*: die zerriebenen Blätter mit Geflügelhirn, Eidotter, Olivenöl, Pfeffer, Wein aufs Feuer.

12 Glühwein, Bier, Hell 55.

13 Nur noch Pferdesport, Hell 70. Schulsport: Turnfeste, Fechten, Bogenschießen, sogar Geschützbedienung, Schülerverbindungen; Examina, Prämien, Chöre, Koedukationsschulen, Büchereien, Notenschrift, Beloch 436.

14 Parkanlagen nach persischem Muster, Beloch 417. Die Θεωρία (Theoria): weder persisches Jagdrevier noch ägyptische Nutzpflanzung, (Christ:) Philosophenschule = Garten. Auch das Museion. In Alexandria die teils öffentlichen, teil königlichen Gärten ein Viertel des Areals. In Antiochia kilometerlange Gartenstraßen mit Springbrunnen, Weinlauben, Bädern, blumenumrankten Erfrischungspavillons.
Das Heiligtum des Pan, das Paneion, war in Alexandria auf einem künstlichen Hügel errichtet, zu dem ein Serpentinenweg führte und von wo man (ein selbst für die hellenistische Zeit überraschender Natursinn) eine herrliche Aussicht genoß. Vergleiche jedoch Christ 145. In der erotischen Dichtung klagen Liebende den Bäumen und Felsen ihr Leid, und die stumme Natur fühlt mit.

15 Bei Antiochia befand sich der riesige Lustgarten Daphne mit Wäldern von Lorbeerbäumen und Zypressen, Springbrunnen und Kunstbächen. Rennfahrer, Pantomimen, Flötistinnen (= Chansonetten, auch von demselben Ruf), „syrisch“ = englische Jockeys, russisches Ballett, französische Operette.

16 Jongleure, Akrobaten, Taschenspieler, Knockabouts (Slapstick-Schauspieler), Puppentheater, Improvisatoren, Feuerfresser, Schwerttänzer.

17 In Eleusis, der Ostvorstadt von Alexandria, war eine ganze Vergnügungsstadt mit Bühnen, Buden, Tanzlokalen, Restaurants, Absteighotels, Music-Halls, Lustgärten und Kunstteichen.

18 Der „Etholog“, Charakterkomiker, führte Chargen vor, der Hilarode als Sänger lustiger Lieder, Bänkelsänger, heitere und rührende Chansons. Ein solches ernstes Kabarettstück war „des Mädchens Klage“, eine Arie, von der ein großes Stück auf einem Papyrusblatt entdeckt wurde.
Ein Mädchen singt des Nachts ungehört vor der Tür des treulosen Geliebten von ihrer heißen Leidenschaft, Verzweiflung, Eifersucht, demütigen Hingabe, in schlichtesten und ergreifendsten Worten. Lebhafte musikalische Untermalung ist hinzuzudenken.

19 Prozession des zweiten Ptolemäerkönigs, Ptolemaios II. Philadelphos (nach Athenaios).
Man sah unter anderem einen Wagen mit einer riesigen Grotte, aus der ununterbrochen Tauben flatterten, Milch und Wein floß; Gespanne von Elefanten, Straußen, Kamelen; Meuten exotischer Hunde; Panther, Luchse, fremde Vögel; einen weißen Bären und ein Nashorn, damals noch eine große Seltenheit; einen haushohen goldenen Dreifuß; einen riesigen vergoldeten Alexander; 3000 prächtig geschmückte Stiere; Dutzende von Wagen mit mythologischen Darstellungen, teils Maskierte, teils Wachspuppen und Automaten; den Beschluß machte der Aufmarsch der gesamten Heeresmacht: gegen 60.000 Fußsoldaten und über 20.000 Reiter in Paradeuniform. 300 Kitharaspieler machten Musik und

selbst die Polizisten, die den Kordon bildeten, waren als Silenen verkleidet.

20 Theater waren überall, sie begleiteten sogar die Heere. Euripides in Mesopotamien* wie Shakespeare im Irak. Nach dem Parthersieg über Crassus,* Momm 3:331.

## 16 Neue Komödie S. 26

1 Menander, 343–293, Leben, Hell 99, Christ 38/39. Papyrusfund 1905, große Bruchstücke von vier Komödien zu den bisherigen Fragmenten.

2 Menander wurde bis in die Kaiserzeit gespielt und bis in die byzantinische Zeit gelesen.

3 Berühmte Menanderworte, Hell 100. „Zwillingsgeschwister sind das Leben und das Leid."

4 Diphilos: „Ich bin ein Mensch und das bedeutet Leid, das immerdar des Lebens Losung bleibt"; Philemon: „Sei stets ein Mensch und dessen eingedenk!" Das terenzische: „Mensch bin ich, nichts, was menschlich, achte ich mir fremd". Nil humani a me alienum puto stammt von Menander.

5 Kein Chor; fünf Akte; in den Zwischenakten Musik ohne Text.

6 Die neue Komödie ist κάτοπτρον τοῦ βίου (Katoptron tou biou), Spiegel des Lebens. Hat Menander das Leben nachgeahmt, oder das Leben den Menander? Imitatio vitae, speculum consuetudinis, imago veritatis (Cicero: Die Komödie: eine Nachahmung des Lebens, ein Spiegel der Sitten, ein Bild der Wahrheit).

7 Eingeklebte geistreiche Aperçus, knarrender Mechanismus, Sentimentalität, Demimonde: Franzosen. Der Schauplatz ist so selbstverständlich Athen wie dort Paris, Toiletteszenen,

Belauschungen, lüsterne Prüderie, Fassadenreligiosität, Beloch 444, das Geld, Kärst 202.

8 Die Sklaven Drahtzieher der Intrige: Figaro.

9 Plutarch: die Liebe ist das Band, das sich durch die gesamte Dichtung Menanders zieht.

10 Auch in der bildenden Kunst wimmelt es von Eroten, Amoretten, Putten: Sie spielen mit Waffen, musizieren, flechten Kränze, wiegen sich in Baumzweigen, umgaukeln jede Situation des Lebens, sie sind überall. Sie angeln, keltern, melken, schustern, tischlern, schmieden und symbolisieren die Allmacht und Allgegenwart des Eros.

11 Keine Knabenliebe, bezogen auf das Theater.

12 Liebeskrankheit des Jünglings; als Ablenkung der Becher, Reisen, Kriegsdienst, und denkt an Selbstmord. Seleukos mußte seine Gattin Stratonike, die Tochter des Poliorketes, seinem Sohn Antiochos abtreten, weil dieser aus Liebesgram ernstlich erkrankte.

13 Der Phallus verschwindet, nicht bloß äußerlich. Pikanterie. Die Maske beibehalten, nicht bloß äußerlich.

14 Theophrastisch = molierische Modellpuppen: Geizige, Selbstquäler; der Vielgeschäftige.

15 Wucherer, Kuppler; Köche, Parasiten; tyrannische oder schwache Väter; moralisierende oder lüsterne Alte.

16 Der Bramarbas, Bd 2:21* Der schneidige Leutnant und Schwerenöter, (etwas überspannte) Offiziersehre.

17 Die mangeuse (Nimmersatte) und die edle, im Grunde ihrer Seele reine Hetäre, Hell 96, wie im modernen Schauspiel Aristokratentochter.

18 Die Kurtisane, die ihr Herz entdeckt (klassisch: La dame aux camélias, Dumas fils).

## 17 Herondas, Mitte 3. Jahrhundert S. 27

1 Er* lebte im Zeitalter des Kallimachos und Theokrit, 3. Jahrhundert.

2 Fund, Christ 198. Im Jahr 1890 wurden neun Mimiamben, d.h. satirische Gedichte, auf einem ägyptischen Papyrus gefunden.

3 Epicharm – Sophron, Myt 174/75. Dorisch-sizilischer Komödiendichter – derb-komischer Komödiendichter.

4/5 Hinkiambus des Hipponax*, eines Satirikers von Ephesos, ein geradezu aufreizendes Versmaß, Myt 172, Heer 57.

5 Versmaß, Christ 199.

6 Realismus, Heer IV/V.

7 „Die Kupplerin“, Heer VI/VII, 7, 9. Dieser und die folgenden sechs Punkte behandeln jeweils eine Mimiambe.

8 „Der Bordellwirt, Kuppler“, Heer VIII/IX. Besteht fast nur aus dessen Anklagerede.

9 „Der Schulmeister“, Redeschwall, Heer X.

10 „Im Asklepiostempel“, Kleinbürgerinnen, Heer XII. 26, 28.

11 „Die Eifersüchtige“, Heer XIV. Schon die ersten Worte, die sie spricht, sind von einer Ordinärheit, die sich nicht einmal andeuten läßt.

12 „Die Freundinnen“, noch unqualifizierbarer, Heer 38/40. XIX/XX

13 „Beim Schuster“, Meister Kerdon, Heer 50/53.

14 Bestimmung, Christ 200. Es sind Monodramen, überall fällt der Titelfigur auch der Löwenanteil des Textes zu, die übrigen sind auf Gegenrede oder Pantomime beschränkt. Aber sie sind doch nicht wegzudenken, und einige stumme Aktionen sind geradezu Glanznummern für ein Possenensemble, zum Beispiel die Prügelszene im Schulmeister. Es waren offenbar drei Möglichkeiten gegeben: Tempobravourstück im Stil Molières und Goldonis („Kuppler“), Stimmporträts eines Solisten („Asklepiostempel“) und Sketch („Marokka-

ner“, „Budapester“). Man darf sogar annehmen, daß der Text nur Rahmen war und vieles sehr stark „ausgespielt“ wurde. Ein Streit ist nicht nötig, da vermutlich alle drei, erstere bei Symposien etc., zweitere in den Variétés und die dritte auf Liebhaberbühnen (die es bereits gab) und von Truppen gespielt wurden. Das hohe Selbstgefühl zeigt, daß Herondas nicht etwa bloß Volkskomiker war. Denn auch viertens als Buch verbreitet, gerade wegen seines skandalösen Inhalts; ebenso auf dem Boudoirtisch wie im Rokoko die berüchtigten und begehrten „Heures de Paris“.

## 18 Hellenistische Epik und Rhetorik S. 28 29

1/2 Die Dichtung wird idyllisch, empfindsam, ironisch, antiquarisch, „kuriös“, „bodenständig“: lauter abgeleitete, literarische Kategorien.

2 Erwin Rohde definiert die Sentimentalität als „Selbstgenuß der Leidenschaft“.

3 Das Trockene und das Geistreiche, das ja auch nur eine Form der Unbeteiligtheit ist.

4 Fleiß wird eine Dichtertugend, deren man sich rühmt.

5 Treibhaus- und sogar Papierblumen; ein dürrer und stimmungsvoller Spätherbst in welken und aparten Farben; altersklug und altklug, überreif und unreif; asthmatisch und „gekonnt“.

6 Die Beredsamkeit, bisher demagogisch, wird diplomatisch oder rein akademisch.

7 Der später Asianismus genannte Redestil, um 300 v. Chr. wandelte die kraftvolle und herbe demosthenische Art in die entnervte und süße, kam aus dem neuaufblühenden ionischen Kleinasien, von wo auch die weichlichen tränenseligen oder überhitzten zügellosen Rhythmen in der Musik stammten. Weichlichkeit und Wildheit im Bunde sind denn

auch charakteristisch für den Stil. Er war der Ausdruck der Zeit, ihrer Sentimentalität und Pathetik, ihrer Pompsucht. Als Begründer gilt Hegesias aus Magnesia am Sipylos, Ende 4. Jahrhundert: kurze, zerhackte Sätzchen, die den Eindruck machten, als hüpfe die Rede, und einen so stark rhythmischen Wortfall hatten, daß ein förmlicher Gesang herauskam; Metaphern von einer Verwegenheit, die an Unsinn streift; der Asianismus bediente sich der κοινή (Koiné, Umgangssprache), und andrerseits hochpoetische Wörter und gesuchte Umschreibungen; gehäufte spitzfindige Antithesen, Christ 303.
Die Reaktion darauf, der Attizismus, seit Mitte des 1. Jahrhunderts vor Christus nannte den Asianismus eine betrunkene, kranke, wahnsinnige, pöbelhafte, hetärenhafte Beredsamkeit und Hegesias den Hohepriester des Blödsinns, (so Dionys von Halikarnass); die neue Beredsamkeit habe wie eine Räuberin, eine Metze die alte verdrängt (derselbe Dionys) und asianisch wurde ein Schimpfwort. Aber er war ganz einfach, was Hermann Bahr* um die Wende des 19. Jahrhunderts unter ähnlichen Anfeindungen und Beschimpfungen, die „Moderne" genannt hat.

8 Die Anekdotensammlung (Philosophen, Hetären, Originale wie Phokion und Timon), Rätsel, Sprichwörter, χρεῖαι (chreiai, ‚Gebrauch', Sinnsprüche), Christ 298. Die Biographie aus Klatsch, also auch anekdotisch.

9 Romane: Die Handlung, richtiger: das Abenteuer ist früher da als der Charakter, richtiger die Figur, die in diesen bunten uniformen Überwurf hineinschlüpft wie in ein Kostüm.

10 Inhalt aller Romane: ein liebendes Paar in Not und Gefahr, Lockung und Versuchung, auf seine Treue und Standhaftigkeit geprüft und zum happy end vereint. Liebe auf den ersten Blick (keine Entwicklung!). Seeräuber, Seestürme gehören zum eisernen Fundus.

11 Im „Alexanderroman"* wird Alexander zum Bezwinger von Fabelgeschöpfen, Entdecker von Märcheninseln, Taucher und Luftschiffer, zum irrenden Ritter.

12 Arat (Aratos), 315–239, nur erhalten: „Phainomena“, die Himmelserscheinungen, ins Lateinische übersetzt, bis in die Renaissance kommentiert, illustriert, Lehrbuch. Der neue „Hesiod“, Heib 55.

13 Kallimachos, zwischen 310 und 240, WbdA 311.

14 Apollonios, der Rhodier ungefähr 295 bis 215: Argonauten, αργοναυτικά („Argonautika“), Hell 116. Das romanhafte Kunstepos von Ariost bis Voltaire. Das Vorbild Virgils.

15 Apollonios führt die (romantische) Liebe ins Epos ein: Von seiner Medea stammt Virgils Dido so gut wie W.’s Regia.*

16 Die Legende ließ Apollonios neben Kallimachos bestattet sein.

17 Theokrit geboren gegen 300, Tod unbekannt, WbdA 88/89. Man gab sich auch im Leben Hirtennamen und spielte den bon villageois (Dorfbewohner), Christ 183,185.

## 19 Hellenistische Kunst, allgemein

S. 30

1 Bis dahin hatte sich die Theorie nur wenig mit der bildenden Kunst abgegeben. Jetzt kommt die Zeit der vergleichenden Analysen, der Künstlerbiographien, der Kataloge und Baedeker. Künstler schreiben über Kunst.

2 Verfeinerung bis zur Fragilität und Anämie und brutalster Realismus bis an die Grenze der Ästhetik.

3 Ein Zug gleichzeitig ins Gigantische und Mikroskopische, der barock ist: neben Riesenenzyklopädien steht das Epigramm, Christ 153, das Mosaik, das mit Kleinarbeit Alfresco-Wirkungen erzeugt; die Glyptik (Steinschneidekunst), Hell 141, 167, und der Koloß von Rhodos,* Hell 191/92 ~~viele~~ aus Bronze, der etwa 100 m hoch (ohne Sockel 32?) gewesen sein dürfte. Leuchtturm der Insel Pharos* bei Alexandria 160 m, nach andern Berechnungen 133 m. Freiheitsstatue von New

York, ebenfalls eine Hafenfigur, 46 m, wozu allerdings noch Sockel und Fundament von fast derselben Höhe kommen; Stephansturm 139 m.

4 Impressionismus: Den Kopf des „Mädchens von Chios“ * betrachtete Rodin als eine Offenbarung, diese Büste sei in sein Leben getreten „comme un bienfait des dieux“ (wie eine Wohltat der Götter). Bei der Enkaustik werden die Farben mit Wachs angerührt und dann mit dem Spachtel heiß auf die Malfläche gebracht, wo sie nicht mehr in einander vertrieben werden können, sondern streng pointillistisch neben einander gesetzt werden müssen. Auch hat man offenbar ~~auch~~ schon Probleme der „Taten und Leiden des Lichtes“ * gekannt und behandelt. Die Mumienporträts aus späthellenistischer Zeit zeigen in der Tat diese Technik, Bd 3:469 (392)* Wie mit der Sophistik und dem Nominalismus die Perspektive, so erscheint mit der Geburt des wissenschaftlichen Menschen der Impressionismus.

## 20 Hellenistische Plastik

S. 31, 32

1 Das Relief gestaltet die Landschaft und das Interieur.

2 Porträtstatuen und Büsten, Sophokles, Homer (noch platonisch); Demosthenes, Euripides, Menander; Münzen und Gemmen sind geradezu Photographien.

3 Plinius: Lysistratos, Bruder des Lysipp, habe als erster Bildnisse mit Hilfe von Gesichtsmasken hergestellt.

4 Alexandria: nubische Straßensänger, Obstverkäufer mit Affe, Gaukler auf Krokodil, zankende Beduinen, keifende Hökerin, angelnder Fischer, Alte mit Lamm.

5 Das runzlige oder gedunsene Alter, Mißbildungen, Muttermale, Narben, klaffende Wunden mit rieselndem Blut, die Fettsucht, die Trunksucht, den Orgasmus, die Agonie in

allen ihren abstoßenden oder aufregenden pathologischen Details.

6/7 Der Dionysosmythus, der Gott der Orgien und des Trunks mit seinem ausgelassenen Genrepersonal: lüsternen Satyrn und weinschweren Silenen, tiergestaltigen Panen und Kentauren, koketten Nymphen und exaltierten Mänaden, humoristisch und lyrisch. Auch die Meereswelt: Tritonen und Nereiden, Seepferde, Seestiere, Seedrachen flutet heran.

7 Der Beschauer soll niedergerannt werden.

8 Anspannung der Mittel bis zum Äußersten, Aufregung um jeden Preis, Originalität als Selbstzweck, Übertemperatur verdampft fast gleichzeitig mit ihrer Aktualität und verfällt der Zeit wie ein starkes, aber künstliches Parfum, ein greller, aber spröder Lack. Als Bodensatz bleibt gerade das Gegenteil: die Langweile. Sturm und Drang, Wedekind; Felicien Rops, Gabriel von Max, Sascha Schneider. Sensationsroman: „Rinaldo Rinaldini",* „Robinson", heute einschläfernd. Hingegen können diese Richtungen als Mode auf- und untertauchen: Büchner, Grabbe.

9/10 Pergamonaltar, Hell 183, 185, aus zwei riesigen Blöcken pentelischen Marmors, bemalt:* die ganzen Gewänder, die Augen nebst Brauen und Wimpern, Blick von höchster Intensität, die Lippen; das Fleisch nur leicht getönt. Sechs Farben: gelb, rot, braunrot, blau, violett, purpur. Lanzen, Gürtelschließen und alles andere Metallische besonders angesetzt und verloren gegangen.

10 Der Sockelfries des pergamenischen Altars verblüffte durch eine bis dahin unerhörte Fülle und Bewältigung kämpfender Massen. Hier schmettern Fanfaren wie erst wieder in der Barockkunst. Dies ist nicht bloß Euphonie wie im Parthenonfries, sondern bereits ein Orchester. Vielleicht hatte auch die *Musik* der Zeit Ähnlichkeit mit der Kunst von Bayreuth.

11 Alexandersarkophag, Hell 148, 150/51. Hier sieht man deutlich, wie weit die Bemalung ging. Nacktteile und Reliefgrund weiß, aber von der lebenatmenden Tönung des pentelischen

Marmors, alles übrige in sattem Gelb, Rot, Purpur, Blau, Violett. Franz Wickhoff * hat diese sehr farbenfreudige, aber keineswegs realistisch ambitionierte Kunst mit der Glasmalerei des ausgehenden Mittelalters verglichen.

12 Venus, früher in der Villa Medici in Rom, in Anfang 3. Jahrhundert gesetzt und wegen ihrer Vortrefflichkeit vielfach für Originalwerk gehalten. Ihre keusche Geste wirkt nicht ganz überzeugend, und sicher weiß sie, wie schön sie ist.

13 Aphrodite von Melos, 1820 auf der Insel Milo gefunden und vom französischen Gesandten um 750 Francs gekauft und als Geschenk an Louis XVIII. geschickt, im Louvre als Venus von Milo; es wird behauptet, sie sei ohne Arme schöner.

14 Laokoon. Winckelmann: Stoiker; Lessing: unästhetisch; daß er nicht aus psychologischen, sondern aus physiologischen Gründen nicht schreit: weil er nicht mehr kann. Lessing: Wenn Virgils Laokoon schreit, wem fällt es dabei ein, daß das weite Öffnen des Mundes hässlich ist? Schopenhauer:* „Man konnte nicht aus Marmor einen schreienden Laokoon hervorbringen, sondern nur einen den Mund aufreißenden und zu schreien sich fruchtlos bemühenden, einen Laokoon, dem die Stimme im Halse stecken geblieben.“ Wesen und Wirkung des Schreiens liegt allein im Laut, nicht im Mundaufsperren.“

15 Laokoon, gefunden 1509 [korrekt: 14. 1. 1506]: bewundernswerter Rhythmus und Aufbau. Virtuos ist durch die Schlangen die geschlossene Komposition, durch den Biß die wilde Bewegung in der Hauptfigur motiviert.

Goethe: „Ein fixierter Blitz, eine Welle, versteinert im Augenblicke, da sie gegen das Ufer anströmt.“

Die Behandlung des Anatomischen ist gelehrt und mit Feinheiten prunkend wie in den Epen.

An den Figuren der Gallier hat der Ethnograph mitgearbeitet, sie haben etwas von einer Demonstration, der Laokoon sogar von einer Selbstdemonstration. Der borghesische Fechter wurde lange Zeit als Lehrmodell in den „Gipsklassen“ der Kunstakademien verwendet, mit Recht, denn man kann an ihm Form und Funktion jedes Muskels studieren, wie denn auch der Bildhauer, offenbar auf der „Anatomie" Sezierkurse besucht hat.

## 21 Hellenistische Malerei

S. 33

„Hier ist der Augenblick, sich wieder einmal zum Bewußtsein zu bringen, wie verwittert, zerstückt und ruinenhaft unser Bild von der hellenischen Kultur ist. Kein Pinselstrich ist von der großen griechischen Malerei erhalten, obgleich sie offenbar die führende bildende Kunst war: bei den Autoren ist viel mehr von ihr die Rede als von der Plastik oder gar der Architektur." *

1 Impressionismus (Mumienporträts), Hell 163.

2 Rhopographie (Kleinkrammalerei), Grylloi (phantastische Zerrbilder), Hell 160.

3 Komödienszenen.

4 Szenen aus dem Tierleben.

5 Stilleben.

6 Mosaik des ungefegten Saales, Hell 188. Das in den Vatikanischen Museen aufbewahrte Mosaik stammt von einem Heraklit, Kopie eines Mosaiks des Sosos aus dem 2. Jahrhundert.

7 Alexandermosaik, gefunden 1831 in Pompeji, Kopie nach einem Gemälde, Hell 161/62. Raffinierte Dramatik, geistreiche Vielstimmigkeit der Motive bei virtuoser Zusammenfassung.

8 Landschaft als Rahmen, Prospekt, Vedute, Skenographie (Bühnenmalerei), Tapete; noch nicht „Landschaft" in unserem Sinne.

9 Timomachos malte Medea, den Mord der Kinder planend, Iphigenia, im Begriff, Orest zu opfern, Aias, den Entschluß

fassend, sich zu töten.[*] Diesen ebenso dramatischen wie plastischen Moment des aufkeimenden Entschlusses zwischen Zögern und Tat, des Gerundivums, participium futurum sozusagen.

## 22 Pyrrhos S. 34

1 Während im hellenistischen Kreis so späte und komplizierte Kunst hervorgebracht wurde, gehörte Rom noch nicht zu diesem, ja besaß wohl überhaupt noch nichts Kulturähnliches, zumindest weiß man nichts davon.

2 Friedrich Leo[*]: „Die größte Zeit der römischen Geschichte ist mit dem Eintreten sicherer historischer Überlieferung vorüber."

3/4 Krieg zwischen Rom und Samnium, 328–304; er wurde entschieden durch die Festigkeit der römischen Organisation in Staat und Heer.

4 Samnitenkriege, 325–290, Etrusker und Kelten; Entscheidungsschlacht bei Sentinum in Umbrien, 295, begründet die Vorherrschaft Roms und die latinische Nationalität.

5 Charakter von Pyrrhos I., Momm 1:395, 361.

6 Eingreifen, Prop 276, Plan, Momm 1:357.

7 Zweifrontenkrieg gegen Rom um Italien und gegen Karthago um Sizilien.

8 Heraklea, 280, Griechen unter Pyrrhos siegen über die Römer, Momm 1:370/72.

9 Ausculum, 279, ‚Pyrrhussieg' in Apulien über die Römer, Momm 1:374.

10 Maleventum, 275, endgültiger römischer Sieg über Pyrrhos, worauf Maleventum in Beneventum umbenannt wurde, Prop 277. Momm 1: 382.

11 Ende, Prop 278. Pyrrhos fiel 272 in der Schlacht um Argos auf dem Peloponnes.

12 Resultat: Rom reicht von der Südspitze der Halbinsel bis zum Rubicon, bei Rimini. Nun Italia, womit bisher die Griechen Unteritalien bezeichnet hatten. Togaten, Momm 1: 399, 400.

## 23 Erster punischer Krieg, 264-241 S. 35

1 Der Blick eines geschlossenen, wohlarrondierten Blocks einer Eidgenossenschaft, eines Landvolks von Bauern, Großgrundbesitzern und Kleinstädtern, Milizsoldaten von Steuerpächtern, Dorfkrämern, bedächtigen Bürgermeistern, braven Bürgergenerälen, wird plötzlich hinausgelenkt auf die grenzenlosen, lockenden Verheißungen und trügerischen Launen des wogenden, unendlichen Meers.

2 Mylae, 260, erster Seesieg, mare nostrum, Prop 280. Momm 1: 491/93, Alt 310, Delb 313/14, Heer 616. Fama est: Ein Bauernvolk baute binnen zweier Monate 150 Schiffe, d.h. Fünf- und Dreiruderer und siegte gegen die größte Seemacht.

3 Ecnomus, Kap an der Südküste Siziliens, 256. Römischer Seeschlachtsieg öffnet die afrikanische Küste, Momm 1:494. Rückschlag (Regulus in Afrika), Momm 1: 496/99.

4 Drepanum, Hafenstadt an der Westküste Siziliens, 249. Einziger Seesieg der Karthager über Rom beim heutigen Trapani, Momm 1:502/3.

5 Privatflotte, Friedensschluß Ägaten, Ziegeninseln, Inselgruppe an der Westspitze Siziliens, Momm 1:506/8, Delb 314/15.

6 Dreijähriger Krieg gegen die aufständischen Söldner und Libyer durch Hamilkar Barkas. Rom nimmt Sardinien und Korsika und wird „Kolonialmacht“, Momm 1:517.

7 Durch die Annexion der beiden Inseln wurde das tyrrhenische Meer ein römisches Meer, es war der Übergang zur

Weltpolitik und zugleich die Geburtsstunde der Revancheidee, des Zweiten punischen Kriegs. Aber all das hat die römische Regierung nicht überblickt, es war pure Lumperei.

## 24 Zweiter punischer Krieg, 218-201 S. 36

1 23 Jahre erster punischer Krieg, dann 23 Jahre Frieden oder vielmehr Waffenstillstand. Hamilkar in Spanien, Momm 1:540/41, 544.

2 Kriegsausbruch: Belagerung und Einnahme Sagunts an der Ostküste Spaniens, das mit Rom verbündet war, Momm 1:547. Egelh 38.
Der Angriff auf Sagunt galt einem römischen Beobachtungsposten, der weit südlich des Ebro tief in den karthagischen Einflußbereich hineingetrieben war. Dieser Vorstoß bedeutete den Krieg gegen Rom.

3 Kein Entscheidungskampf wie der persische, es wäre höchstens der Süden und Westen des Mittelmeers und Unteritalien eine Art Rheinbund geworden; übrigens waren die Punier ebenso hellenisiert wie die Römer.

4 Die Römer nannten ihn den hannibalischen Krieg.

5 Hannibal: Grausamkeit, Habgier, „überpunische Perfidie", plus quam Punica perfidia (Livius), Egelh 51. Es ist anzunehmen, daß er in alldem das damals übliche und allerdings schreckliche Ausmaß nicht überschritten hat. „Habgierig" mußte er schon deshalb sein, weil die karthagischen Geldsäcke sich so schwer öffneten. Griechisch gebildet war er wie etwa im 18. Jahrhundert ein russischer General französisch gebildet war.

6 Napoleon über Hannibal: „Nie ist ein gewaltigerer umfassenderer Plan von einem Menschen ausgeführt worden, kühner und schwieriger als das Unternehmen Alexanders." Napoleon und Hannibal (Essen und Schlafen), Egelh 30.

7 Hannibals Plan, Prop 288, Momm 1:569, Egelh 9/10. Seetransport war wegen Überlegenheit der römischen Flotte und Unmöglichkeit, die Reiterei einzusetzen, in der wieder die Karthager überlegen, nicht der gangbare Weg.

8 Alpenübergang, Momm 1:560/61, Egelh 11.

9 Trebia, zweiter Landsieg Hannibals über die Römer, Delb 350. Trasimenischer See, 217 (Weiterer Sieg Hannibals über Rom), Momm 1:562/63, 567, 572, Prop 288, WbdA 748, (vincere, siegen), Delb 353/4, Egelh 12. Fehler? Montesquieu*: „Es gibt Dinge, die alle Welt nachredet, weil sie einmal gesagt worden sind. So glaubt man, Hannibal habe einen offensichtlichen Fehler begangen, als er von Cannä nicht nach Rom zog, um es zu belagern."

10 Cannä in Apulien, 216, Momm 1:580/81, Egelh 7, 37, (Bd 2:204, 513, Bd 3:305, 313, 334, 437)*, Delb 326/34. Die größte Niederlage erlitten die Römer durch Hannibal dank seiner genialen Umfassungsstrategie bei zahlenmäßig unterlegenen Karthagern. Die weltberühmte Schlacht fand in Unteritalien statt.

11 Römische Ermattungsstrategie nach Cannä, Momm 1:587, 589, Prop 292/93, Delb 359, 385.

12 Folgen von Cannä, Momm 1:582/83, 592, Egelh. 12, Delb 355. Aber, Momm 601, Plötz 91. Hannibal musste erkennen: Die italischen Völker lassen sich nicht gegen Rom aufbringen, die römischen Armeen werden mittlerweile besser geführt, das gewonnene Süditalien muss verteidigt werden, wozu seine Truppen nicht ausreichen. Und in Karthago war man der absurden Meinung, Hannibal brauche keine Hilfe, sofern er wirklich Sieger sei.

13 Ägypten hat Rom wirtschaftlich unterstützt und Karthago eine Anleihe verweigert.

14 Eines der wichtigsten Ereignisse, Syrakus 212, da ganz Sizilien römisch wird. Prop 293. Konnte (wegen Archimedes) nur durch Blockade genommen werden. Capua fällt 211, Momm 1:618/19, Krisis des Krieges, Delb 360/61.

15 Scipio erobert Neukarthago, 209, Birt 23/24

16 Versagen Hasdrubals in Spanien, Metaurus, 207, Prop 294. Es ist vergessen, daß Hannibals Bruder Hasdrubal danach ebenfalls mit Elefanten über Pyrenäen und Alpen nach Italien zog, aber zwischen Rimini und Ancona geschlagen worden ist.

17 Offensive Scipios, Prop 295. Momm 1:632/33.

18 Entscheidungsschlacht in Zama (Naraggara, Margaron), bei Karthago, 202, das phönizische Heer vernichtet, Delb 391/396.

19 Friedensschluß, Momm 1:635, 637.

## 25 und 26 Nach dem Zweiten punischen Krieg bis 146 (Karthago und Korinth) S. 37

1/2 Imperialismus Scipios nach Beendigung des Krieges, Prop 298/99.

2 Scipio, WbdA 606, Birt 27, 30. Nunquam se minus otiosum esse quam cum otiosus, nec minus solum quam cum solus esset. Publius Scipio soll sich laut Cato öfter so geäußert haben: „Er sei nie weniger müßig, als wenn er Muße habe, und nie weniger einsam, als wenn er sich in der Einsamkeit befinde“ (Cicero: „Über die Pflichten“, off.3,1,1).

3 Cato, Momm 1:792/93, Birt 36/37. Der Landwirt, Momm 1:812/ 13, 825. Gegen die Weiber, Momm 1:847. Witzig, Birt 38, 48. Kantig und erdig. Das menschliche Leben ist wie das Eisen: Wenn man es bearbeitet, reibt es sich auf, wenn man es nicht bearbeitet, vernichtet es der Rost.*

4 Expansion wider Willen, Momm 1:758.

5 Erstens: Krieg gegen Philippos V., Plötz 95.

6 Zweitens: Krieg gegen Antiochos III., Plötz 95/96. Scipios Ende in freiwilliger Verbannung, Birt 31/32. Hannibals Ende (in demselben Jahre 183; erzwungener Selbstmord), Egelh 21/29. Resultat, Delb 442.

7 Weiter mit Blatt jüdische Geschichte.

## 26 Jüdische Geschichte S. 38, 39

1 Während des ganzen 3. Jahrhunderts herrschten im Heiligen Land Ptolemäer, dann Seleukiden.

2 Antiochus IV. Epiphanes (175–164), zweiter Nachfolger Antiochus' III., Makkabäerkämpfe,* Christ 535/ 36.

3 Polybios nannte ihn ἐπιμανής, epimanes, insanus, verrückt statt ἐπιφανής, epiphanes, clarus, der Göttliche = (φεος, Theos) Epiphanes. Tacitus: rex Antiochus demere (nehmen) superstitionem et mores Graecorum dare (beibringen) adnisus, quominus taeterriniam gentem in melius mutaret, Parthorum bello prohibitus est.

Tacitus: „König Antiochus IV. gab sich Mühe, den Aberglauben [der Juden] zu beseitigen und griechische Sitten einzuführen, wurde aber durch einen Krieg gegen die Parther daran gehindert, das abscheuliche Volk zum Besseren zu bekehren" [*Historien* 5.8.2].

Polybios schildert ihn, Antiochus IV., als einen zwischen Habgier und Freigebigkeit, Grausamkeit und Gefühlsseligkeit schwankenden, bald terrorisierenden, bald fraternisierenden, prunksüchtigen und trunksüchtigen Tyrannen und Halbnarren. Andrerseits war sein politischer Gedanke nicht falsch. Er strebte nach Zusammenfassung seiner bunten Völkerschaften in einem einheitlichen Reich, und dieses konnte nur ein hellenistisches sein. Und es mußte ihm als pure Widersetzlichkeit erscheinen, daß die Juden sich weigerten, statt Jahwe Zeus zu sagen, denn bei allen übrigen orientalischen und überhaupt allen antiken Völkern hatte es mit derlei Religionsmischung nicht viel auf sich, und von dem einzigartigen Charakter des mosaischen Glaubens hatte er natürlich keine Ahnung. Sabbat, Beschneidung, heilige Bücher und Zeremonien wurden bei Todesstrafe verboten, die Synagogen in Tempel verwandelt, heidnische Götterbilder aufgerichtet. Aber gerade durch die unverständige Brutalität dieser Verfolgung hat er den Mosaismus konserviert, denn aus ihr erwuchsen Märtyrer, Fanatiker, Helden.

4 Septuaginta, Alt 392/93, Christ 538, 545.

5 Bis zur Makkabäerzeit hatten die Priester das Übergewicht, von da an die Schriftgelehrten. Doch behielten jene als die Söhne Aarons, die allein zum Opferdienst befugt waren, und als reiche Nutznießer der Opferanteile und Kirchensteuern, noch große Bedeutung. Die Schriftgelehrten waren die berufsmäßigen Kenner des Gesetzes. Anrede: ῥαββί (Rabbi, mein Lehrer). Erste Plätze bei den Gastmählern und in den Synagogen. Sie sind die Ausleger und Ausspinner, Einpräger und Bewahrer des mosaischen Gesetzes, in ihrer praktischen Tätigkeit Lehrpersonen und Gerichtssachverständige. Im großen und ganzen deckt sich der Gegensatz mit Sadduzäern und Pharisäern. Die Sadduzäer sind mehr politisch und weltlich, die Pharisäer exklusiv religiös und puritanisch, spirituell, die Sadduzäer sind eher lax, ja in gewissem Sinne aufgeklärt, die Pharisäer streng buchstabengläubig und orthodox. Doch ist der Unterschied nur relativ: Auch für die Sadduzäer ist das Gesetz das Höchste, und auch die Pharisäer erstreben die politische Unabhängigkeit. Die Sadduzäer waren die Aristokraten, die Pharisäer die Volksmänner, aber, als Virtuosen der Frömmigkeit, doch auch wieder eine Art Bildungsadel, wenn auch ein sehr sonderbarer, der auf die Masse der Laien, die das genaue Gesetz weder kennt noch übt, herabblickt. Das Wort Pharisäer bedeutet denn auch der Abgesonderte, der Separatist. Von hier aus ist aus dem Begriff des sich (unberechtigt) besser Dünkenden der des Heuchlers entstanden, der ursprünglich weder im Wort noch in der Sache lag. Das Volk aber brachte den Pharisäern als den Verwaltern und Mehrern des heiligen Wissens eine nachgerade groteske Verehrung entgegen, die in dem Glauben gipfelte, daß Gott selber am Sabbat aus Tora und Talmud Belehrung schöpfe.

6 Den äußersten Gegensatz zu den Sadduzäern bildeten die Essäer.* Die Sadduzäer leugneten die Allmacht der Vorsehung, die Essäer glaubten an eine bis ins Kleinste gehende Prädestination; die Sadduzäer waren Plutokraten, die Essäer lebten in Gütergemeinschaft und freiwilliger Armut und

verpönten den Handel; die Sadduzäer waren mondäne Stadtmenschen, die Essäer Provinzler und Dörfler, die „Stillen im Lande“; die Sadduzäer waren in Leben und Lehre epikureisch (sie leugneten unter anderem das Fortleben nach dem Tode), die Essäer waren Asketen, die alle sinnliche Lust als Sünde verwarfen, nur das Notwendigste an Speise und Trank zu sich nahmen, das Salben mit Öl verwarfen und Kleider und Schuhe erst ablegen durften, wenn sie völlig unbrauchbar geworden waren, und lehrten sogar die *Präexistenz* der Seele; die Sadduzäer erklärten nur die Gebote der Tora für verbindlich, nicht aber deren Weiterbildung durch die Schriftgelehrten, die Essäer waren in Dingen der rituellen Reinheit und der Sabbatheiligung noch rigoroser als die Pharisäer. Sadduzäer und Pharisäer sind Richtungen, wenn man will: Parteien innerhalb des Judentums, die Essäer sind eine *Sekte,* und sie galten auch, da sie die Tieropfer (und wahrscheinlich auch den Fleischgenuß) ablehnten, als Ketzer. In diesem Punkte, wie in vielen anderen, hatten sie eine Verwandtschaft mit den Pythagoreern, von denen sie möglicherweise tatsächlich beeinflußt waren. In ihren Symbolen: Axt, Schurz, weißes Gewand, ähnelten sie wiederum den Freimaurern und in ihrer Ablehnung des Eides, der Waffenerzeugung, der Sklaverei den Quäkern; nimmt man noch ihre berufsmäßige Fürsorge für Arme und Kranke, ihre Gliederung in Novizen, einjährig und dreijährig Erprobte, ihre Ehelosigkeit, ihr Gelübde unbedingten Gehorsams und ihr Leben in Gemeinschaftshäusern unter Vorstehern hinzu, so ist man versucht, in ihnen einen veritablen Mönchsorden zu erblicken.

---------- *

8 Drittens: Krieg gegen Perseus, den letzten König Makedoniens, Plötz 96/97, Momm 1:756.

9 Viertens: dritter punischer Krieg, Plötz 97/98, Momm 2:34/35. „Einst wird kommen der Tag, da die heilige Ilios hinsinkt.“ Zweimal in Homers „Ilias“ [IV. 164 f., VI. 448 f].

10 Fünftens: Zerstörung Korinths, Plötz 98, Momm 2:45, 47. Mummius zu den Schiffsleuten: Wer etwas zerbricht, muß es neu machen lassen. Lucius Mummius ließ Korinth restlos zerstören, die Bevölkerung in die Sklaverei verkaufen, die Kunstwerke nach Rom bringen. Plünderungen durch Soldaten ließ er sich nicht ankreiden.

11 Resultat: Rom war nicht die erste, sondern die einzige Großmacht, die sämtliche Mittelmeerstaaten entweder direkt oder durch diplomatischen Druck beherrscht.

## 27 Gracchen 133 - 121

S. 40

1 Entwicklung der Nobilität, WbdA 444/45, 512. Senat, WbdA 617, Hell 265. Populus ist nicht Volk im Sinne von Nation, sondern Gemeinde, Polis. SPQR (Senatus populusque Romanus; Senat und Volk der Römer) bedeutet: Erst kommt der Senat, dann die Stadt und dann gar nichts mehr.

2/3/4 Erstens: Tiberius Gracchus, Plötz 100/01, WbdA 459, 372, Hell 272, Birt 60/ 63.

3 Im Altertum konnte sich bei der relativen Kleinheit der industriellen Betriebe in den Großstädten kein Fabrikproletariat, sondern nur ein arbeitsloses entwickeln.

4 Scipio: Stammbaum, Plötz 98.

5 Zweitens: Gaius Gracchus, Plötz 102, Momm 2:103,107, 110,113, 122/23. Ende, Birt 68.

6 Gaius, der erste in der Reihe, an deren Ende und Spitze Julius Cäsar steht.

## 28 Rom, 2. Jahrhundert, Wirtschaft und Gesellschaft

S. 41, 42

1 Überwiegen der Sklavenwirtschaft, Momm 1:822, Momm 2:74.

2 Erst jetzt gibt es jene Riesenmassen von Sklaven, die man als typisch für das gesamte Altertum annimmt, infolge der Kriege und Eroberungen, der unternehmermäßig betriebenen Piraterie, des Hungers der Kapitalien nach festen Anlagewerten und des Großgrundbesitzes nach billigen Arbeitskräften. Millionärswirtschaften hatten Sklaven für alles: vom Schuster und Bäcker bis zum Memoirenschreiber und Giftmischer.

3 Der italische Handel passiv, da nur Öl und Wein Exportartikel, hingegen enormer Bedarf an Sklaven, Getreide, Hülsenfrüchten, mit steigendem Luxus auch Marmor, Glaswaren, Spezereien. Das abströmende Geld floß allerdings aus den Provinzen durch allerlei (gutenteils unsaubere und unterirdische, dunkle, lichtscheue) Kanäle vielfach wieder zurück, nicht aber aus dem Ausland.

4 Straßennetz, Straßenkarten (Itinerarien); Wirtshäuser mit Gaststallungen; Sänften, Stellwagen.

5 Gentlemanprinzip der Unentgeltlichkeit, Momm 1:826, 828/29.

6 Ahnenprozession, oft mehrere hundert Wagen und Tragbahren, Meister 4/5, Momm 1:837/38, WbdA 305. Grotesk = schauerlich. Als bei Cäsars Leichenfeier der Chor die Worte aus dem Ajax des Pacurius sang: Hab ich sie darum gerettet, um durch ihre Hand zu fallen? erhob sich das wächserne Abbild des Toten und zeigte den Leib von 23 Wunden zerfleischt. Die Leichenreden wurden im Hausarchiv aufbewahrt und erschienen seit dem 3. Jahrhundert auch in Buchform.

7 Gegen Ende des Jahrhunderts Tierhetzen, Fechterspiele, Hell 313/14. Höhepunkt erst in der Kaiserzeit.

8 Hasardspiel. Ballspiel. Unmusikalisch. Gymnastik wegen

Nacktheit unschicklich. Bäderkultur: Warmluft, Heißluft, Dampf, Douchen, Massage etc.

9 Das Bad in der Villa des älteren Scipio war eng und finster, denn, sagt Seneca, der die Stätte besuchte, „unseren Vorfahren erschien nur warm, was auch dunkel war.“

10/11 Die Räume des römischen Hauses, Momm 1:923.

11 Seit dem 2. Jahrhundert ionische und korinthische Säulenordnung.

12 Der Soldat aß vorwiegend vegetarisch, Heer 331.

13 Das Höchste blieb vorläufig (erste Hälfte des Jahrhunderts) doch noch ein fetter Schinken aus dem schweineberühmten Poland. Später schwärmt man schon mehr für Austern und Hechte, Eberkopf mit jungen Brennesseln und Wildschweinragout (oft aber nur zahmes als „falscher Hase“).

14 Pergraecari, griechisch leben, bei Plautus = in Saus und Braus leben.

15 Dem älteren Scipio werfen seine Gegner vor, daß er sich mit Scharteken* und Turnen abgebe.

16 Bildungsreise nach Griechenland wie im 17. Jahrhundert nach Holland, im 18. nach Frankreich. „Semester“ in Athen oder Rhodos.

17 Griechische Lehnwörter für Haus-, Acker-, Gartenbauwesen, Handel, Bekleidung; griechisches Münz- und Gewichtssystem.

18 Griechische Athleten, Spaßmacher, Friseure, Luxussklaven in der Mehrzahl griechisch; Weine, Komment (Graeco more bibere, Trinken auf griechische Art, Lagern bei Tisch), griechische Namen für Speisen (boeuf braisé, geschmortes Rindfleisch, soupe à la reine, ‚Königinnen-Suppe‘), Köche, Würste, Fische; Saiteninstrumente, Tanzfiguren, Marmor; Vorleser, Hofmeister, Philosophen (stoische = Hauskaplan); Lustknaben, Hetären, die ebenfalls meist griechische Namen tragen, Ärzte und Kunsthandwerker nur Griechen.

## 29 Römische Literatur 2. Jahrhundert S. 43, 44

1 Übergang: Die ältesten römischen Annalisten schrieben griechisch; Quintus Fabius Pictor, Senator zur Zeit des zweiten Punischen Krieges, wurde nach Cannä, 216, zum delphischen Orakel geschickt.

2 Mit Prosa befaßten sich von Anfang an auch vornehme Kreise, offenbar weil diese Art Produktion lehrreich, praktisch, politisch, natürlich, doch nicht so ein glatter Unfug war wie die Poesie.

3 Andronicus, ab 240 wirkend, gestorben 207, WbdA 362, Momm 1:862/63, schrieb sich seine Gebrauchstexte als Schullehrer und Schauspieler. Cicero verglich seine lateinische Odyssee mit einem steifen Schnitzwerk des Dädalus: Virum mihi, Camena, insece versutum; „Künde mir, Muse, den Mann, den vielgewandten". Erste Übersetzung der *Odyssee* in Versen; die „Muse" wurde dabei durch die Quellnymphe Camena ersetzt. Livius: roh und veraltet, Mommsen zog den Vergleich mit Johann Christoph Gottsched.

4 Naevius, gestorben 201, WbdA 436/37, Hell 331.

5/6/7 Ennius, 239–169, bald Chronik, bald Pathos, WbdA 156/57. Versifiziertes, also Kochbuch in Versen: Hedyphagetica = Leckerbissen, Momm 1:900, Hell 333.

6 Ennius. Er hat dem widerstrebenden Latein mit großer Geschicklichkeit den Hexameter aufgezwungen. Beginn seines Epos: Ein Traum habe ihm enthüllt, daß Homers Seele in ihn gefahren sei. Selbstgedichtete Grabschrift: „Niemand soll an meinem Grabe klagen, denn ich fliege lebend durch der Menschen Mund." Voltairische Alleskönnerambition, nur daß dieser sich die Zusammenstellung mit Homer verbeten hätte.

7 Ennius*: nach Euripides, dessen Weltanschauung ihm auch zusagte. Der Chorführer deklamiert, die übrigen sind Statisten.

8/9 Abweichungen der römischen Theaterform von der griechischen, Hell 312.

9 Frauen und Kinder im Theater; keine Preisrichter.

10 Griechische Titel mitgenannt (nach unserem Umgang mit dem Französischen), Momm 1, 871. Bd 3:378.*

11/12/13 Plautus, etwa 254–184, WbdA 511, 95 (cantica), Momm 1:882/83, Hell 339. Veritable Operetten. Varro rühmte in einer Grabschrift die plautinischen numeri innumeri (die unzähligen Leben) Hell 332, 336, 340 (skrupelloses Theater Nestroys). Wortgefechte.

12 Man sagte, Plautus habe so viel geschrieben, um Geld zu verdienen.

13 Plautus, Sprache: Klangfiguren und Wortspiele, Vulgarismen und Archaismen, Reime und Refrains, Kalauer und Zoten.

14 Plautus war vergessen, dann ein Menschenalter nach seinem Tode wieder hervorgeholt. Prolog:
„Feinschmecker nenne ich, die alte Weine, alte Werke, alte Worte lieben, denn was an neuen Stücken über unsre Bühnen geht, ist noch viel schlechter als das neue Geld. Das heut'ge Stück habt ihr beklatscht, wenn ihr schon alt seid, denn von den jüngeren, weiß ich, kennt es keiner."

15 Bei Plautus schimmert durch die griechische Lasur die römische Lokalfarbe, bei Terenz ist es wirkliche Milieuübertragung; deshalb wirkt dieser feiner, kultivierter, jener saftiger, erdiger; rohe saloppe, aber echtkomische Volksposse und gepflegtes geschmackvolles, aber blasses Allerweltslustspiel.

16 Terenz, gegen 190–159 WbdA 693, Momm 2:433/36, Hell 335. Der ganze Nachlaß erhalten (Leben). Weder seine Gefühle noch seine Komik packen; dagegen saubere Zeichnung, sorgfältiger Bau, geglättete Sprache; der Schauspieler spricht fast nie mit dem Publikum.

17 Lucilius, 180–102, WbdA 385, Momm 2:445. Persius: Lucilius zerschnitt die Stadt. Horaz: Sein Leben liege vor dem Leser wie auf einer Votivtafel geschrieben.

## 30 Marius und Sulla, von 100 bis um 80 (Momm 2:187/90, 366/74) S. 45

1 Jenes in der Geschichte einzigartige Schauspiel, daß Rom die Welt erobert, während es daheim von einem Diktator erobert wird und im Bürgerkrieg versinkt. Und doch fing beides zusammen an.

2 Cimbern und Teutonen, 102 und 101, Plötz 103/4. Momm 2:179, Marius dritter Gründer Roms (zweiter = Camillus, der angebliche Besieger der Gallier; erster = Romulus).

3/6 Drusus; Bundesgenossenkrieg, 91–88, Plötz 104, Momm 2: 230/31.

4 Mithradates VI., Charakter, Momm 2:264/5, 3:65, WbdA 621.

5/6 Mithradatischer Krieg, 88–84, Plötz 105, WbdA 417, Momm 2: 286/7, 318, Birt 82.

6 Marius nach dem Cimbernsieg, WbdA 403, Birt 82/83, 84.

7 Marius, Charakter, Birt 73/76 (und oben). Bild, Prop 339 (so genannter) Marius, der Schöpfer des Berufsheers, Heer 380.

8/9 Diktatur Sullas, Plötz 105/6, Momm 2:338/9, 366. Charakter der sullanischen Diktatur, Heer 397.

9 Sullas Gesetzgebung, Plötz 106.

10 Sulla schrieb zwei Tage vor seinem Tode in seinen Memoiren, die Chaldäer hätten ihm prophezeit, er werde nach einem herrlichen Leben in der Blütenreife seines Glückes dahinscheiden.

11 Sullas Charakter, Birt 96/98 (und oben).

# 31 Von Sullas Tod, 78, bis Triumvirat, 60 S. 46

(Momm 3:10/15, Pompeius Crassus, 116/17, 597/99, Cicero)

1 Erstens: Pompeius und Sulla, WbdA 521, Birt 116.

2 Zweitens: Pompeius und Crassus, Birt 121 (und oben); Seeräuberkrieg, Birt 122/24, Heer 612; mithradatischer Krieg, Birt 125/27, Plötz 107/9, Egelh 43, (Sertorius*).

3/4 Drittens: Catilina, Cicero (und oben), Triumvirat zwischen Cäsar, Pompeius und Crassus, Plötz 109/11, WbdA 97, Momm 3:185, 191/2, 451, Birt 129/30,149.

4 Die „Catilinarien", Meyer 26, 28. (Vier Reden Ciceros gegen Catilina und seine zweite Verschwörung, anno 63)

5 Cicero: Catilina bietet das Bild eines ungemein geistreichen, fabelhaft sprachbegabten, politisch gänzlich unfähig und moralisch nicht sehr wetterfesten Mannes, der aber gerade durch seine Schwäche liebenswürdig erscheint. Montesquieu: „Seine Seele war immer schön, wenn sie nicht schwach war."

6 Sallust* ist ein prachtvolles Tendenzgemälde mit den Farben des Kriminalromans zur Ehrenrettung Cäsars: In je düstereren Flammen er die Verschwörung malt, desto unvorstellbarer wird Catilinas Beteiligung. Die Catilinarier sind Mörder, Mordbrenner, Frauenschänder, Tempelschänder, Catilina ein Karl Moor ohne dessen Edelmut, seine Spießgesellen Adelsauswurf oder Unterwelt, kurz Bolschewiken, gesehen im Vexierspiegel eines heutigen Ultrakonservativen. Ciceros Reden überbieten diese Schwarzweißtechnik noch, insofern sie die Gefahr schlechtweg als den drohenden Untergang des Abendlandes hinstellen und sind, als die Plädoyers des größten Advokaten der Weltgeschichte, pure virtuos berechnete Stimmungsmacherei.

7 Sallust: „Er strebte stets nach allzu Hohem", ein kühner, weiter, feuriger Geist und dergleichen. Aber selbst bei Sallust schimmert der Sachverhalt durch. Er läßt Catilina neben vielem ähnlichen sagen: „Kein rechter Mann kann das mit

ansehen, daß sie Paläste an Paläste reihen, während wir nicht wissen, wo wir unser Haupt hinlegen sollen.“ Das hatte wörtlich Tiberius Gracchus gesagt. Es war ein Umsturzversuch, zwar der Zügellosigkeit und Selbstsucht, aber mit den politischen Mitteln und den sozialistischen Ideen, die seit zwei Menschenaltern Eigentum und Programm der Reformpartei waren.

8 Crébillon hat 1748 in seinem gleichnamigen Drama Catilina verherrlicht. Gegen ~~sie~~ es schrieb Voltaire seine Tragödie *„Rome sauvé“*, deren Held Cicero ist.

9 Ibsens Erstlingswerk, „Catilina“ 1849, Vorrede 1875, ein Vierteljahrhundert später: „Ich neige noch immer der Ansicht zu, daß doch wohl irgendetwas Großes oder Bedeutsames an einem Manne gewesen sein muß, mit dem anzubinden der unverdrossene Anwalt der Majoritäten, Cicero, nicht früher für geraten fand, als bis die Dinge eine solche Wendung genommen hatten, daß mit dem Angriff keine Gefahr mehr verbunden war. Man darf auch daran erinnern, daß es wenige historische Persönlichkeiten gegeben hat, deren Ruf sich so ausschließlich in den Händen ihrer Gegner befand.“ Nietzsche:* „Catilina – die Präexistenzform *jedes* Cäsar.“

10 Was Pompeius wollte, Meyer 7.

11 Unbeliebtheit des Triumvirats, Meyer 80, 83.

## 32 Cäsar, Triumvirat bis Tod S. 47, 48

(Momm 3:155/56, Cato,440)

1 Bedeutung der gallischen Expedition, Momm 3:208, 282/83, Plötz 112/13.

2 Gallier neugierig und neuerungssüchtig, übermütig und wankelmütig, heiter und hinterhältig, geistreich und ungebildet. Hosen, Bier, Straßen, Bergwerke, Segelschiffe, Vasallen-

tum, Faustrecht, lose Gauverfassung, Plötz 111. Die Britannier waren roher, aber weniger verschlagen als die Gallier, sie tätowierten sich, trugen Tierfelle und lebten in mauerumgürteten Wäldern ohne Ackerbau von Fleisch und Milch.

3 Cäsar in Gallien, 58–51, Plötz 112, Birt 150/51, Delb 535. Die Helvetier machten Anstalten, aus ihren bisherigen Wohnsitzen in der Schweiz nach Süden vorzustoßen. Caesar warf sich zum Beschützer der Gallier auf, schlug die Helvetier mehrmals entscheidend und warf sie in ihre alte Heimat zurück. Auch den Germanenfürsten Ariovist, der Gallien bedrohte, zwang er, über den Rhein zurückzugehen. Gegen die hieraus erwachsene römische Suprematie erhoben sich zunächst die Belgier im Norden, unterlagen aber trotz Tapferkeit und großer numerischer Überlegenheit der römischen Feldherrnkunst, Bewaffnung und Organisation. Die Expeditionen aufs rechte Rheinufer und über den Kanal waren mehr Demonstrationen zwecks Nichteinmischung.

4 Innere Vorgänge während des gallischen Kriegs, Plötz 113, Birt 131.

5/20 Ausbruch des Bürgerkriegs, Plötz 114, Meyer 285/98, 344/5, Birt 132/33, 153/54.

6 Ilerda, 49, Plötz 114. Ilerda, heute das katalonische Lleida. Hier zwang Cäsar im Kampf gegen Pompeius zwei von dessen Legaten durch Belagerung zur Kapitulation.

7 Erstens: Dyrrhachium, 48, Plötz 115, später Durazzo, heute das albanische Durrës; Cäsar erleidet Niederlage, die Pompeius feiert und deshalb nicht ausnutzt.

8 Zweitens: Pharsalus, 48, Plötz 115, Meyer 317/18, Birt 133/37. Entscheidender Sieg Cäsars über Pompeius; der flieht nach Ägypten, wo er ermordet wird – die Entscheidung im Bürgerkrieg.

9 Alexandria, 48/47, Plötz 115/16. Krieg der Stadtbewohner Alexandrias gegen den dort eingeschlossenen Cäsar.

10 Zela (veni vidi vici), 47, Plötz 116. Sieg Cäsars über Pharnakes II., König des pontischen Reiches, in der nördlichen Türkei bei Zile.

11 Thapsus, 46, Plötz 116. Sieg Cäsars über die Senatspartei und den numidischen König in Nordtunesien.

12 Munda, 45, Plötz 117. Ultimativer Sieg Cäsars über die Senatspartei und den jüngeren Pompeius; Ende der römischen Republik; Cäsar wird Diktator auf Lebenszeit, einen Monat vor seiner Ermordung.

13 Cäsars Monarchie, Plötz 116/17, Momm 3:461/66. Meyer 445, 509, 525, Birt 140, 157.

14 Bauprojekte: Straße über den Apennin, Hafen in Ostia, Momm 3:496. WbdA 522. Stenographie, Zeitung, Kalender, Birt 157, WbdA 776. Plan eines corpus iuris, den erst Justinian fast 600 Jahre später verwirklichte. Dieser Mensch war ein Globus. Die „acta diurna populi“, ein tägliches Nachrichtenblatt, Vorform späterer Zeitungen, enthielten amtliche Kundmachungen, Senatsberichte, Hof- und Personalnachrichten, Gerichtssaal, Lokalchronik, später auch Gesellschaftsklatsch, aber niemals Artikel oder gar Literatur.

15 Letzte Kriegspläne, Meyer 474/75. Wie Alexander zum atlantischen, so wollte Cäsar bis zum indischen Ozean.

16 Schwerpunkt nach Osten, Meyer 520/1.

17 Königspläne, Meyer 527/29, Birt 159. Kurz vor seinem Tode wurde er bereits als Jupiter Julius angeredet; auch wurde für seinen Kult ein Tempel und ein Priester beschlossen.

18 Brutus, Meyer 531, 533. Ob er durch Servilia Cäsars Sohn war, ist ungewiß, aber sicher war er durch sie Catos Neffe, und das wog jedenfalls schwerer. Er befleißigte sich in Brief- und Redestil lakonischer Kürze, die schon bei den Spartanern gestellt wirkt. Exzerpiert am Tag vor Pharsalus Polyb.
Plutarch: Viele hätten Antonius sagen hören, er allein habe sich durch den Glanz und die Scheingröße der Tat verlocken lassen, alle anderen hätten es aus Neid und Haß getan. Dazu kam, z.B. bei Cassius, sicher auch Spekulation auf Macht und catilinarisches Imtrübenfischen
In der französischen Revolution: Die beiden Gemälde, die der gesamten Malerei die Richtung gaben, waren Jacques-

Louis Davids „Schwur der Horatier“ und „Brutus“ (nach der Verurteilung seiner Söhne).
St. Just: „Seit der Römerzeit ist die Welt leer.“ – Ainsi faisaient les Romains, (So machten es die Römer); die Guillotine eine römische Erfindung. Zwischen Brutus und Brutus. Sulla, Cäsar, Antonius waren Tyrannen und merkwürdigerweise auch Catilina, wahrscheinlich weil er Aristokrat war.

19 Cato, Birt 146/47 (und oben).

20 Antonius im bellum civile, Birt 166/68,

21 Vorzeichen, Ermordung, Birt 159/60. „Die abgeschmackteste Tat“ (Goethe).
Schon seit Tagen waren die Opfer ungünstig: der Stier ohne Herz, die Leber ohne Kopf.
Am 14. März bei Lepidus. Während des Gelages unterzeichnete er Schriftstücke. Welcher Tod ist der beste? Caesar blickte auf und sagte: der unerwartete.
Ein Freund Cascas sagt zu diesem lachend: Du verheimlichst mir etwas, aber Brutus hat mir alles gesagt. Casca, außer Fassung, ist schon im Begriff, sich zu verraten, als sich herausstellt, daß jener auf Cascas Bewerbung um die Ädilität anspielt. Aber woher willst du das Geld nehmen, um Ädil zu werden? Der Senator Popilius Länas sagt zu Brutus und Cassius im Vorbeigehen: Es kann auch gelingen, aber macht schnell, man schweigt nicht; spricht längere Zeit leise mit Cäsar. Cassius will schon den Kopf verlieren, aber Brutus behält die Nerven, fixiert scharf den Gesichtsausdruck Cäsars, der desinteressiert und entspannt ist, und gibt Cassius ein Zeichen, er möge sich beruhigen
Porcia, Tochter Catos, die einzige Eingeweihte, schickt fortwährend Boten, wie es Brutus gehe.
Sie verletzten sich gegenseitig.
Die Schrift hatte er noch in der Hand.

## 33 Cäsar

S. 49, 50

1 Als er einmal zu Pferde nach Rom zurückkehrte und das Volk aufbegehrte, versuchte er die heikle Situation mit einem Scherz zu entspannen: Ich heiße Kaiser, nicht Rex; denn es gab eine Familie dieses Namens. Aber Kaiser wurde mehr als Rex.

2 Wer war Julius Cäsar? 100–44, Sch 1 *[hieraus der Folgeabschnitt:]*

»Seine Geschichte enthält größere Wunder als die *Odyssee*. Die abenteuerlichen Fabeln Homers werden zu einfachen, übersichtlichen, rationalistischen Begebenheiten, wenn man sie neben die Taten und Leiden Cäsars hält. Er war der wahre Märchenheld des Altertums, nicht Achill oder Odysseus. Seine Schicksale sind unverständlich, und kein Dichter könnte sie erfinden. Sie sind unglaublich und unwahrscheinlich, weil sie vom Leben gedichtet wurden. Denn die Poeten mühten sich immer nur vergeblich damit ab, etwas Phantastisches auszudenken; ihre Anstrengungen sind jedoch erfolglos: es kommen immer nur ganz nüchterne plausible Sachen heraus, höchst verständige Konstruktionen einer ohnmächtigen Einbildungskraft. Inzwischen haben Natur und Leben längst Dinge und Ereignisse hervorgebracht, die viel unwahrscheinlicher, abenteuerlicher, romanhafter und romantischer sind.

Er beginnt als Catilinarier und endigt als König von Rom; inzwischen erobert er ein ungeheures Land, von dessen Terrainverhältnissen er so gut wie gar keine Ahnung hat; er trägt die römischen Adler nach der britannischen Insel, von der die Römer bis dahin nicht einmal gewußt hatten, ob sie wirklich existiere oder eine bloße Fiktion der Philosophen und Dichter sei; er bewegt sich mit absoluter Sicherheit mitten durch eine Anarchie, von der sich moderne Köpfe nicht einen annähernden Begriff machen können; er konstituiert die römische Weltmonarchie, ordnet die Finanzen, das Gerichtswesen, die Provinzialverwaltung, reorganisiert das Heer, entwirft die Pläne für den julianischen Kalender, die

Tiberregulierung, die Kanalisation Roms, die Kodifikation der Gesetze, die Errichtung eines neuen Rathauses, einer öffentlichen Bibliothek, eines Marstempels und schreibt die Kommentarien zum gallischen Krieg, die schriftstellerisch eines der besten lateinischen Prosawerke, schauspielerisch eines der größten literarischen Meisterstücke sind. Er ist Jurist, Strateg, Demagog, Literat, Astronom, Condottiere, Dandy, Monarch, dabei von zu Hause aus ein schwerer Epileptiker; er kann alles, weiß alles, versteht alles, hat sämtliche menschlichen und unmenschlichen Eigenschaften, hat hunderte Arme, Augen und Ohren. Er geht durch eine Welt des Irrsinns und Verbrechens mit dem tiefen Fatalismus des Genies, das weiß: ich bin der Sinn der Welt, und dabei doch immer von einem leichten Ekel erfaßt, von jener sublimen Indifferenz, die gerade den Genies der Tat eigen ist, weil nur sie die tiefe Sinnlosigkeit erkannt haben, die auf dem Grunde alles Handelns schlummert. Und darum sagte er zuweilen: „Ich habe schon zu lange gelebt.“ [...]

Deshalb werden wir nie erfahren, wer Julius Cäsar war. Er war, was jedes Genie ist: ein Polyhistor des Lebens. Mehr können wir nicht aussagen. Welche Seele besaß dieses hundertköpfige Ungeheuer? Welche psychische Triebkraft bewegt diese kolossale Maschine? War er der Vorauserschauer zweier Jahrtausende, der bewußte Schöpfer der modernen Welt, den Mommsen in ihm erblickt? Oder war er nur ein grandioser Zerstörer, bloß dazu bestimmt, gründlich Platz zu machen für neue Entwicklungen, wie sein neuester Historiograph, Guglielmo Ferrero*, ausdrücklich behauptet, also im Grunde nur ein Aventurier unter Aventuriers, eine geniale Anpassungskraft, ein bloßer Virtuos, wie Ferrero zwar nicht ausdrücklich sagt, aber aus fast jeder Zeile durchblicken läßt? Oder war er einfach der vollkommenste Tyrann, wie die Alten ihn zu sehen liebten? Wir wissen es nicht.«

3 Personalunion von Feldherr, Staatsmann, Literator, Kavalier; nur einmal noch, in Rokokoausgabe, Friedrich der Große.

4 Erscheinung, Birt 142/43.

5 Er *konnte* frugal sein, war aber ein Viveur. Wenn Sueton sagt, daß er einmal, zu Gast geladen, von altem Öl, das alle ablehnten, besonders reichlich nahm, so beweist dies nur seinen großen Takt. In seinem Zelt in Gallien standen immer reiche Tafeln gedeckt; Mosaikfußböden ins Feld; erfundene prachtvolle Kostüme; Spiele, Bauten, Sklaven; Silber, Kunstwerke und vor allem Juwelen und die dazugehörigen Frauen. Cassius Dio: erotikotatos (womenizer).
Die Soldaten sangen bei dem gallischen Triumph: „Gallien unterwarf der Cäsar, den der Nikomedes unterwarf“ (König von Bithynien) und „Bürger, hütet eure Weiber, unser Kahlkopf zieht durchs Tor.“ Dieser eine Fall wurde allgemein geglaubt, aber Curios des Älteren Bemerkung: „Der Mann aller Weiber und das Weib aller Männer“ ist offenkundige Gemeinheit.
Daß er im Trinken sehr mäßig war, wird aber sogar von seinen Gegnern hervorgehoben (die einzige Debauche, Ausschweifung, der er nicht beschuldigt wurde. Brauchte sehr wenig Schlaf, reiste nachts.

6 Seine Schnelligkeit in *allem*: das Genie (neu vgl. Napoleon). Märsche, Mobilisierungen, Diagnosen; Prognosen auf Jahrhunderte; „de bello gallico“ würde man noch mehr bewundern, wenn man wüßte, in wie kurzer Zeit das Buch geschrieben wurde (Generalstabschef Hirtius); Stenographie, Reden, Cicero: Als würden Meistergemälde ins beste Licht gerückt.

7 Der Militäraufstand in Campanien, Momm 3:432, bei dem Cäsar persönlich auftrat und die Legionäre beschwichtigte.

8 Sein gänzlich unrömischer Mangel an Grausamkeit, sein unpatrizischer Mangel an persönlicher Empfindlichkeit. Cicero: Du pflegst nichts zu vergessen außer Beleidigungen; und sein überhaupt unantiker Mangel an Rachsucht floß zum größten Teil aus Indifferenz, einer hohen und heitern Menschenverachtung.

9 Milde als Prinzip, Meyer 339, 514/5. Wer nicht wider mich ist, ist für mich, 403. Bei Shaw* erscheint er geradezu als eine Art Christ, Sch 2 *[hieraus der folgende Abschnitt]:*

»Was Shaw betrifft, so hätte er wohl seinen Cäsar niemals ohne Mommsen schreiben können, aber er hat uns doch den Menschen im Genie durch eine Reihe neuer Züge auf wundervolle Weise nahegebracht. Daß das Genie nichts ist als der menschlichste Mensch, wird durch den Shawschen Cäsar sehr ins Licht gerückt. Sein Cäsar ist nicht etwa imposant durch die Riesenhaftigkeit seiner Dimensionen, sondern durch die Wohlproportioniertheit seiner Dimensionen, die außer ihm niemand hat. Und nie hat Shaw die Ironie poetischer verkörpert als hier: in der Ironie des Genies, das die Welt durchschaut. „Tout comprendre c'est tout mépriser" (Alles verstehen, heißt alles verachten) korrigiert einmal Nietzsche; etwas von diesem 'mépris' für alles hat dieser Julius Cäsar, aber dies macht ihn nicht etwa zum Menschenfeind, sondern gibt ihm einen Zug von unbeschreiblicher Liebenswürdigkeit. Vor ihm nivelliert sich die Menschheit, und so ist er gewissermaßen ein Christ „vom andern Ende her".«

10 Lebensekel. Er entließ die hispanische Leibwache: Lieber fallen, als immer fürchten, Meyer 471. Daß er für das, was Natur und Ruhm ihm zu bieten hätten, schon lange genug gelebt habe, Meyer 403/4. Auch Cäsar ist nihil. Paraphrase zu: Aut Caesar aut nihil – Entweder Cäsar oder nichts.

11 Widmung „de analogia" * an Cicero, nach Eroberung Frankreichs und Belgiens; vergleiche Friedrich den Großen und Voltaire.

„Du hast die Schätze der Redekunst entdeckt und als erster verwandt ... Du hast Triumphe errungen, die die größten Feldherren überstrahlen, denn es ist mehr wert, die Schranken des Geistes zu erweitern als die Grenzen des Reiches."

12 Schriften, Meyer 336. Neben seinen Kommentaren über den gallischen Krieg gibt es den Torso seiner Kommentare über den Bürgerkrieg, ansonsten nur Fragmente, weil Augustus keine Publikation zuließ.

13 Stil: Tiefgang und Tempo, Dichte, Eleganz und Nacktheit. Cicero: „schmucklose und lichtvolle Knappheit (von Cicero sehr objektiv, da er nie schmucklos und knapp, vielmehr oft und gern überschmückt und bauschig war). Quintilian: (Caesar) eodem animo dixisse, quo bellavit (Cäsar habe in demselben Geist geredet, in dem er Krieg geführt hat). Vauvenargues: La netteté est le vernis des maîtres (Die Klarheit ist der Firnis der Meister.)

14 Shakespeare, Sch 3 *[daraus der folgende Abschnitt]:*
»Was Shakespeare vor allem aus Plutarch herausgeholt hat, ist die poetische Stimmung, die in diesen wunderschönen Anekdotensammlungen begraben lag. Insofern kann man wohl sagen, daß er die ganze Zeit wieder lebendig gemacht hat: als poetische Vision. Keineswegs aber in dem Sinn, daß er eine naturgetreue römische Historie geliefert hat. Das bis zum Überdruß zitierte Wort Goethes von den Römern Shakespeares, die lauter ‚eingefleischte Engländer' seien, trifft daher im negativen Sinne völlig zu: sie sind keine Römer. Im positiven Sinne jedoch nicht so ganz, denn Shakespeare war in der Tat bemüht, historische Römer zu schildern, nur wurden es nicht die historischen, sondern eben nur Römer, wie man sie sich zur Zeit Shakespeares vorstellte: ‚klassische', ‚antike'. Vielleicht hat es aber überhaupt niemals klassische Römer gegeben, und jene starren Bildsäulenmenschen, die man sich darunter vorstellt, waren vielleicht schon ein frommer Wunsch der Spätrömer selber, geboren aus dem Pessimismus der sinkenden Epigonen. Bestimmtes läßt sich nicht mehr entscheiden. Eines jedoch steht fest, daß nämlich die Römer zur Zeit Cäsars nichts Römisches im traditionellen Sinne mehr an sich hatten. Im Gegenteil, sie waren vermutlich viel ‚moderner' als wir selber: undisziplinierter, unübersichtlicher, neurasthenischer. Man kann daher sagen, daß Shakespeares *‚Julius Cäsar'* eine doppelte Historie ist, eine historische Historie.«

1 Shakespeare hatte sich offenbar ganz willenlos erfüllen lassen von der republikanischen Ideologie, wozu übri-

gens der Freiheitskampf Hollands auch Zeitanalogien bot.

2 Die allgemeine Ansicht: größenwahnsinnig, großsprecherisch, abergläubisch, gespielt furchtlos. Shaw: „Es hat Shakespeare keine Überwindung gekostet, aus rein technischen Gründen Cäsar hinunterzudichten, um Brutus hinaufzudichten." Georg Brandes: eine armselige Karikatur.

3 Nietzsche in „Ecce homo": „Wenn ich meine höchste Formel für Shakespeare suche, so finde ich immer nur die, daß er den Typus Cäsar konzipiert hat."

4 Von Aberglauben kann schon deshalb nicht die Rede sein, weil all die schrecklichen Omina bei Shakespeare wirklich stattfinden.

„Was kann vermieden werden, das sich zum Ziel die mächt'gen Götter setzten? Ich gehe dennoch aus, denn diese Zeichen, so gut wie Cäsarn, gelten sie der Welt."

„Von allen Wundern, die ich je gehört, scheint mit das größte, daß sich Menschen fürchten, da sie doch sehn, der Tod, das Schicksal aller, kommt, wann er kommen soll."

„Gar wohl weiß die Gefahr, Cäsar sei noch gefährlicher als sie. Wir sind zwei Leu'n, an einem Tag geworfen, und ich der ältere und schrecklichste."

Ich stehe über den Vorzeichen; Rücksicht auf Calpurnia; Aussicht auf die Krone; Spott; doch auch der Traum; seine andere Auslegung durch Decius.* Sein Schwanken zwischen dem Entschluß zu gehen, nicht zu gehen, zu gehen und dessen verschiedenartigsten Motiven ist dann ein echt shakespearisches Seelengemälde und außerdem dramatische Spannung.

5 Da die Literarhistoriker keine Schauspieler sind, Shakespeare aber einer war, so verstehen sie nicht, was diesem überlassen und aufgegeben ist. Die Sprünge und Löcher z. B. in der Szene, bevor er in den Senat geht, sind für reiches Spiel ausgespart.

6 Das Genie in seiner Paradoxie und Harmonie, Einmaligkeit und Allheit ist undarstellbar. Darum wählte Shakespeares nachtwandlerisch sicherer Geist die einzig mögliche Form: *einen* Zug in überlebensgroßem Relief (der sicher im historischen Cäsar auch da war).

7 Man vergleiche Shakespeares *pittoreskes* magisches Gemälde des Schauers vor der eigenen Größe mit dem *gekleckste*n meßbudenhaften des „Holofernes“ (Friedrich Hebbels „Judith“): Es verhält sich wie die Moritat zur echten Ballade.

8 Die menschliche Tragödie Cäsars: Er stirbt mit den Worten: *Et tu Brute?* (Und du, Brutus?) Antonius: „Da brach sein großes Herz;“ Undank, stärker als Verräterwaffen.

9 Geheimnisvoll und wundervoll ist nun auch, daß dieser Colossus, wie selbst sein Todfeind Cassius ihn nennt, an Gebrechen: Fallsucht, einseitiger Taubheit, nervösen Zuständen leidet. Es ist, und zwar wiederum, diesmal *ganz körperlich sinnfällig, gezeigt,* der Widersinn der Macht.

10 Es ist freilich nicht der historische Cäsar, der von höchster Anmut, Schlichtheit, Geschmeidigkeit, Feinheit, Helle, Tausendgestaltigkeit und Humanität war, es ist von Anfang an nur der Cäsar von Philippi, (der Niederlage der Cäsarmörder Brutus und Longinus gegen Mark Anton und Oktavian/Augustus), also der *Schatten* Cäsars, aber ein ungeheurer, die geisterhafte Überwirklichkeit und Unwirklichkeit des Weltbezwingers, des Nachtgeborenen, und, nochmals gesagt, der *Widersinn der Macht* in ihrer gewaltigsten Menschwerdung, die die Geschichte sah. Shakespeare, dessen Held Brutus ist, *durfte* gar nicht mehr geben als ein Blitzlicht, ein Erzbild, sogar ein hohles, die Vision eines Kolosses, eines Weltalps. Nie ist das Gespenstische, Gezeichnete des Tatmenschen erschütternder und schreckhafter umrissen worden. Dieser Mann kommt geradewegs aus der Hölle, bestimmt, ja bereit, wieder hinabzufahren.
Übergang: Und er hinterließ eine Erdhölle.[*]

## 34 Nach Cäsars Tod, 44 S. 51, 52

1/2/3 Bis Actium, 31, Prop 356/62, WbdA 29, Plötz 118/20, Birt 171/85. Antonius bei Actium: „wie ein brünstiger Enterich" laut Shakespeare. Bei Actium gewinnt Augustus die Alleinherrschaft gegen Mark Anton und Kleopatra.

2 Antonius ein halber Cäsarmörder, Meyer 448/49, 379/80.

3 Die Ermordung des Antonius wurde von den Verschworenen erwogen, aber von Brutus aus Korrektheit abgelehnt.

4 Augustus, Prop 363/66, WbdA 309, 55/56, Birt 190, 196/212. Hier wegen Schluß.

5 In jedem römischen Hause wurde der Genius des Hausvaters verehrt. Wenn Augustus für den Genius des Prinzeps, des Vaters des großen römischen Reichsstands, einen Kult anordnete, so war dies keine Vergottung, zumindest eine sehr geschickt maskierte. Für seine orientalischen Untertanen war er natürlich ein Gott, und die Griechen waren an derlei Dinge längst gewöhnt. Ebensowenig Anstoß konnte es erregen, daß er seinen Vater als divus Iulius anbeten ließ, denn nach altrömischer Auffassung wurde jeder Tote zum Gott. Wenn ihn Dichter und andere Angestellte, Schmeichler, als Gott priesen, so hatte das nicht viel mehr Bedeutung als die „göttliche" Duse oder Garbo.

6 Daß Augustus sich gegen all dies sträubte, sahen die einen als Heuchelei, die andern als echte Demut. Er war weder das eine noch das andre. Augustus mußte es sich förmlich aufzwingen lassen, um die republikanischen Formen zu wahren. Das Schicksal Cäsars war eine Warnung, und bisweilen mochte Augustus sich wirklich einbilden, Rom die Freiheit zurückgegeben zu haben.

7 Mommsen: Dyarchie, Doppelregiment des Kaisers und des Senats; wobei *theoretisch* sogar der Senat den Vorrang hat.

8 Pax Augusta, Hell 448.

9 Oktavian entschied sich, im Gegensatz zu Cäsar, für *Rom,* die *Republik* und den *Frieden.* Er konnte, im Gegensatz zu Napoleon III., mit Recht sagen: „L'empire c'est la paix." (Das Reich ist der Frieden.) Für ihn war das Römerreich an Rhein, Donau und Euphrat zuende, er hat daher nur Grenzsicherungskriege geführt, Parther und Juden, Germanien und Britannien waren für ihn „Neue Welt", Plötz 123/24.

10 Augustus ordnete die Finanzen, die Getreidezufuhr, die Polizei, das Löschwesen, schuf ein stehendes Heer und baute das Landstraßensystem und die Stadt Rom in noch viel großartiger Weise, als das schon bisher geschehen war, mühte sich sogar um die beiden leider unlösbaren sozialen Probleme der Provinzen und des Proletariats, an denen Rom zugrunde ging.

11 „Applaudieren Sie, meine Herren, die Komödie ist zuende", die Schlußformel vieler römischer Komödien. Blatt 35, 36, 37, 38, 39.

## 35 Römisches Kriegswesen (Heer 454/69) S. 53

1 Die orientalischen Truppen waren Horden, bisweilen von niederrennendem Elan, Heuschrecken, Hunnen, Kosaken, Katastrophen, geführt von Khanen und Sultanen; die griechischen: Volontäre, geführt von bisweilen genialen Zivilisten, die Makedonen Landsknechte; die römischen: zum ersten Mal Soldaten, Gleichschritt, Adler, Heer 402. Chargen, Kommandos. Aber keine „Uniform", Heer 411.

2 Disziplin, Heer 280/82. Strafen, Heer 336. Aber später, Heer 414/15.

3 Dekorationen, ungriechisch, Heer 283/84.

4 Instrumente, Heer 323/24.347 (Zapfenstreich).

5 Manipularordnung, Delb 279/86, WbdA 251. Ihr Wert, ihre Entwicklung, Delb 422, 447/8, Heer 286. Schildkröte, seit Cäsar eine taktische Formation zum Vorrücken, Hell 281.

6 Verschanztes Lager, Delb 294, WbdA 365, Heer 346, 372. Josephus: Wie auf einen Zauberschlag entsteht eine Stadt im Kleinen, mit Markt, Handwerksstätten, Gerichtsstühlen.

7 Josephus, „Jüdischer Krieg“: Der Römer greift nicht erst im Kriege zu den Waffen, sondern, als wäre er mit ihnen verwachsen, erlaubt er sich in ihrer Übung keinen Stillstand. Ihre Manöver sind unblutige Schlachten, ihre Schlachten blutige Manöver.

8 Ausrüstung des Legionärs, Heer 324/25, Hell 280. Schwert rechts: Geschicklichkeit, beim Kampf entblößt?

9 Normalgepäck: Speere, Säge, Schaufel, Axt, Schanzkorb, Kochgeschirr und Mundvorrat für drei Tage; der Legionär war also in Belastung und Verwendung Artillerist, Infanterist und Sappeur [Pionier] in einer Person, Heer 363/4.

10 Marius, der die Stärke und Schwäche seines Materials kannte, bildete die Reiterei nur aus Bundesgenossen.

11 Cäsar hatte überhaupt keine italische Reiterei: Spanier, Germanen, Gallier, Numider; die Italiker waren als Kavalleristen den Puniern, aber auch anderen Völkern immer unterlegen. Unter den einheimischen galten die etruskischen Pferde für die besten, von den ausländischen die asturischen, die als ungemein schnell und gelehrig gerühmt wurden; schön waren auch sie nicht.

## 36 Römische Religion

S. 54, 55

1 Ihr Kriegswesen war ihre ureigene Erfindung, in allem andern aber: bloß das großartigste Beispiel einer rein rezeptiven Kultur.

2 204 sagte das sibyllinische Orakel, Hannibal werde aus Italien vertrieben werden, wenn man der Magna Mater, der großen phrygischen Göttermutter, einen Kult errichte.

3 Durch die Kriege gegen Antiochus waren eine Menge syrische Sklaven nach Italien gelangt.

4 Auch die ägyptische Religion, in ihrer durch die Ptolemäer hellenisierten Form, verbreitete sich in Italien, allerdings vorläufig noch von oben mißbilligt und verfolgt. Hätten Antonius und Kleopatra bei Actium gesiegt, so wären wahrscheinlich Isis und Serapis die Götter Roms geworden.

5 Die bildlose Gottesverehrung der Juden erschien antiker Gläubigkeit als Atheismus, ihr Monotheismus hingegen antiker Aufklärung als die wahre, die philosophische Religion (Varro, Strabo siehe Kapitel 1[*]). Allerdings meinte Strabo, der Gott Mosis sei nichts andres als der Himmel oder das Universum.

6 Im letzten Jahrhundert der Republik stießen die Römer auch auf den persischen Mithra, der aber erst um etwa 100 nach Chr. eine größere Gemeinde gewann, um von etwa 200 an fast zu einer Weltreligion anzuschwellen, die mit dem Christentum den Kampf aufnahm.[*]

7 Von etwa dem ersten punischen Krieg an wurden von Dichtern und Theologen griechische Göttergenealogien, Göttermythen, Heroensagen, Stadtsagen auf römische Verhältnisse übertragen, der seltsame Fall einer Religion als rein literarische Schöpfung.

8 Apollo genoß bei den amusischen Römern nur wegen des delphischen Orakels – es gab auf italischem Boden kein Orakel[*] – und als Schützer gegen Seuchen Ansehen; dagegen konnten Jupiter und Mars, auch Vulcan und Vesta (Hestia) leicht identifiziert werden; Vestalinnen, WbdA 746. Consule mußten ihnen ausweichen, stets in der Sänfte, besondere Plätze im Amphitheater. Von Hermes übernahm Mercur nun das Patronat des Handels und Betrugs, Demeter ward für die Agrarier als Ceres eine der wichtigsten Gottheiten, mit Minerva wußten sie weniger anzufangen. Daß sie sich nie als Seevolk fühlten, zeigt die sehr geringe Bedeutung Neptuns. Den Kult der Fortuna, die überall Tempel

hatte, soll bereits Servius Tullius gestiftet haben, der aus einem Sklavensohn zum König wurde.

9 Als Seelsorger und Religionslehrer, Beichtväter und Trostspender fungierten die Philosophen, denn die Priester kümmerten sich nur um die Opfer.

10 Idol(ol)atrie*

Seneca: Man betet die Bilder der Götter an, man fleht zu ihnen auf den Knien, man steht und sitzt tagelang vor ihnen und schlachtet ihnen Opfertiere. Und während man den stummen Steinen so hohe Verehrung erweist, verachtet man die Menschen, die sie gemacht haben. Hier spricht der Rationalist. Die Bilderverehrung ist etwas viel Komplizierteres, als die Vertreter der Aufklärung damals und zu allen Zeiten geglaubt haben. Der Ausspruch ist übrigens in doppelter Hinsicht interessant, denn er zeigt, daß der Beruf des bildenden Künstlers auch damals noch immer geringgeschätzt war.

Nicht daß man zu Statuen betete, war Materialismus, sondern worum man betete. Niemals bat man um Seelengüter (das taten nur die Philosophen, die überhaupt nicht beteten), sondern um Erfolg, äußeres Glück, Reichtum und oft um noch niedrigere Dinge: die Lebedame um den Tod der Nebenbuhlerin, um Applaus für den Tänzer oder Schauspieler, in den sie verliebt war, der verschuldete Wüstling um den Tod des reichen Oheims, Gelingen der Testamentsfälschung, Glück im (falschen) Würfelspiel und in der Liebe zu schönen Knaben.

Materialistischen Charakter trugen auch die spiritistischen Seancen (man nannte das damals Psychagogie), die Liebestränke und Amulette, Zauberkünste und Dämonenbeschwörungen, lauter Karikaturen des echten Verkehrs mit Geistern und höheren Kräften, wie sie in Spätzeiten regelmäßig aufzutauchen pflegen. Auch die Astrologie der „Chaldäer" scheint damals schon zum Geschäft und Handwerk verderbt gewesen zu sein.

Cicero („de divinatione"): Ein Fluß hat sich blutig gefärbt, Götterbilder haben geschwitzt. Die Färbung wird vom

Erdreich, der Schweiß vom feuchten Südwind hergerührt haben. Ein bedeutsames Wort, ein abnorm gestaltetes Opfertier, ein seltsames Naturereignis, Blitz, Donner, Vogelflug: etwas dergleichen widerfährt uns ja täglich, so könnten wir niemals ruhig atmen. Vor dem marsischen Krieg haben die Mäuse die Weiheschilde benagt. Dazu sind sie doch da. Weil sie neulich bei mir Platos „Staat" angenagt haben, müßte Gefahr für die Republik zu befürchten sein; hätten sie sich statt dessen an Epikurs Lustlehre vergriffen, so müßte dies eine bevorstehende Teuerung auf dem Naschmarkt bedeutet haben. Von all den wundersamen Prodigien gilt der Satz: Wenn es nicht geschehen konnte, dann ist es auch nicht geschehen; wenn es aber geschehen konnte, so war es kein Wunder. Wenn aber das, was nur selten vorkommt, auch schon für ein Wunder zu gelten hat: nun, dann wäre ein gescheiter Mensch das größte Wunder.

11 Polybios: Die Götterfurcht habe den Zweck, das leichtfertige gesetzwidrige blindwütige Volk „durch ein solches Tragödienspiel" zu zügeln.

12 Strabo (ähnlich auch Dionys): Das gemeine Volk und die Weiber könne man nicht durch Vernunft lenken, sondern nur durch Götterfurcht; die Fabeln von den strafenden Waffen der Götter seien Schreckbilder für die Einfältigen. Varro: Abergläubisch sei, wer die Götter wie Feinde fürchte, religiös, wer sie wie Väter verehre.

13 Die Mythologie ist bei Ovid bunter Bühnenapparat, bei Vergil offizielles Staatsgepränge, Horaz schwankt zwischen mondänem Unglauben und romantischer Sehnsucht nach Glauben.

14 Grabschriften: „Der du dies liest, genieße dein Leben, denn nach dem Tode gibt's weder Lachen noch Spiel noch sonsteine Freude". „Wandrer, bleibe stehen, höre und lerne: Im Hades gibt es nicht Nachen noch Charon; wir alle werden, gestorben, einander gleich sein." „Leser, halte alles für Trug, nichts ist unser." „Ich habe gelebt und weiter nichts geglaubt als dies."

## 37 Römische Literatur, 1. Jahrhundert

S. 56, 57

1 Varro, 116–27, WbdA 736, Momm 3:603, Hell 359. Rationalist, Romantiker nur im Altertümeln, Eklektiker, Talent der Rezeption etwa wie Christian Wolff zu Leibniz = Poseidonios. Ein literarischer Cato. Quintilian: vir Romanorum eruditissimus (der gelehrteste Mann der Römer), Augustinus: homo omnium doctissimus, die ihn beide noch zur Gänze kannten.

1 Werke: „Rerum rusticarum libri tres“: 1. Feldbau 2. Großvieh 3. Kleintiere, vollständig erhalten.
2 Menippus schrieb Lebensbetrachtungen nach Art der kynischen Wanderprediger, in denen Prosa und Poesie gemischt waren, vergleiche Bibel.
3 Über sein eigenes Leben; „antiquitates“ (historischen Inhalts); eine Enzyklopädie; über Plautus (und andere Dichter).
4 Enzyklopädie: Grammatik, Rhetorik, Dialektik, Arithmetik, Geometrie, Astronomie, Musik, Medizin, Architektur. Sie sind bis auf die zwei letzten das ganze Mittelalter über kanonisch geblieben: sieben freien Künste.

2 Catull, 87–54, WbdA 98/99, Momm 3:579/81. Man hat ihn mit dem jungen Goethe verglichen. Das einzige römische Künstlergenie.

3 Die großen Flammen der großen Dichter Tibull und Catull, Horaz und Properz, sind große Huren; Ovids Corinna ist sogar eine erfundene Cocotte. Die romantische Liebe zur Dirne ist Spätkultur.

4 Cäsars und Ciceros Sprachreinigung, Momm 3:559.

1 Keine Vulgarismen, keine veralteten, keine neuen, keine ungewöhnlichen und möglichst wenig griechische Wörter.
2 Maßgebend wurde das urbanum, das Stadtrömische im Gegensatz zum rusticum der Landschaft Latium und zum peregrinum, den auswärtigen Dialekten; die auctoritas

und vetustas, man fragte stets: Ποῦ κεῖται (pou keitai = Wo steht es?).

3 Cäsar gebrauchte von mehreren sinnverwandten Ausdrücken oft nur einen, zum Beispiel für Fluß flumen, aber nicht fluvius und amnis, für fürchten und lieben timere und diligere, aber nicht metuere und amare (!), nur etsi (obwohl), nicht quamquam (obgleich, obzwar), quamvis (obschon, wiewohl), licet, etiamsi (auch wenn) und so weiter.

4 „Bellum Gallicum“: an 2600 verschiedene Worte, davon gegen 800 bloß einmal, etwas über 600 zwei- oder dreimal.

5 Cicero, 106–43, WbdA 106/7, Reden, Hell 365/67. Leichtigkeit der Produktion. Rein und rund, blendend und fließend. Die Dialogform ganz äußerlich.

Zahlreiche Humanisten weigerten sich, nicht nur Wörter, sondern sogar Wortformen, die nicht bei Cicero vorkamen, in ihren lateinischen Stil aufzunehmen: amabam, aber nicht amabatis (Ich liebte, aber nicht: ihr liebtet), iniuriam pati, aber nicht contumeliam pati (erlittenes Unrecht, aber nicht erlittene Mißhandlung). Ausnahmen waren Männer wie Polizian: „Man wirft mir vor, daß ich den Cicero nicht genügend abbilde. Nun ja; ich bin ja auch nicht Cicero. Mich selbst, denk’ ich, bilde ich ganz genügend ab.“ Und Erasmus: „Ich möchte lieber ein leibhaftiger Crassus sein als der Schatten eines Cicero.“

Er lebe in philosophischen Dingen in den Tag hinein und sage, was sich ihm gerade im Augenblick durch Wahrscheinlichkeit empfehle. Von den höchsten Dingen gebe es überhaupt kein sicheres Wissen, denn alles Wahre habe einen Beisatz von Falschem, doch genüge für den Hauptzweck des Lebens, das praktische Handeln, das Wahrscheinliche.

6 Zickzack der Absichten und Gefühle; Cicero an Atticus: „Brief, den kein andrer lesen soll“; „Meiner Seele, ich erröte, aber nun habe ich es einmal geschrieben und will es nicht löschen.“ Petrarca, Bd 1:198/99.*

Brief an Atticus, 1345 wiederaufgefunden von Petrarca, zu dessen großer Enttäuschung, der sich, nach den philosophischen Schriften, einen leidenschaftslosen Weisen vorgestellt hatte. Ein halbes Jahrhundert später fand Salutati die sogenannten „epistulae ad familiares“. Er schreibt ihm ins Jenseits: „O du ewig ruheloser, ewig sorgenvoller Greis! ... Um wieviel würdiger wäre es für dich, den Philosophen gewesen, wenn du dich, wie du irgendwo selber sagst, nicht um dieses kurze zeitliche, sondern um jenes ewige Leben gesorgt hättest, nach keinen Ämtern, keinen Triumphen getrachtet, um keine Catilinas der Welt deine Ruhe preisgegeben hättest!“ Für uns aber wächst Cicero gerade durch die Briefe aus einem Schauspieler hohler Tugend und billiger Abgeklärtheit zu einem warmen und lebensnahen, liebenswerten und interessant komplexen Menschen; wie übrigens aus ähnlichen Quellen auch Petrarca selber.

John Locke nennt „die Briefe des Tullius“ Cicero „die besten Muster, mag es sich um Geschäft oder um Unterhaltung handeln“.

7 Sallust, 86–35, WbdA 585, durch Cäsar Statthalter der Provinz Africa, ergebnisloser Prozeß wegen Erpressungen, immerhin: „Horti Sallustiani“ und Palast, dessen Trümmer noch erhalten. Brevitas, variatio; nimia priscorum verborum affectatio (Sueton: Kürze, Vielseitigkeit, das Haschen nach altertümlichen Wörtern), „gedrängt, streng, mit soviel Substanz als möglich; auf dem Grunde“ (Nietzsche[*]) elegant bis parfümiert, gedrängt bis geschraubt. Ausdrücke der Volkssprache; Quintilian: „Ich stehe nicht an, Sallust dem Thukydides an die Seite zu stellen“ („Historien“?). Reden hat er nicht so viele wie Thukydides, aber eigentlich sind seine beiden Kriege („Über den Krieg gegen Jugurtha", „Über die Verschwörung des Catilina") als ganze Kunstgattung eine Art Reden, Plakate, von höchstem Raffinement in ihrer gespielten Objektivität und vollendeter Artistik in ihrer parteiischen Farbenmischung der Menschenmalerei; „Stimmung“, Hell 378. Der erste Psycholog in römischer Sprache.

8 Blatt Klassizismus.

## 38 Klassizismus S. 58

1 Parole: μίμησις τών άρχαῖων (Mimesis ton archaion, Nachahmung des Alten), ganz wie Winckelmann.

2 Schon um 100 v. Chr. wurde in Alexandria Nüchternheit geradezu Mode.

3 Der Impressionismus ist wie weggeblasen: saubere scharfe Kontur, kolorierte Flächen, überhaupt alles flächenhaft gesehen, Symmetrie, Geometrismus, angequälte Einfachheit und Wasserklarheit, Beherrschtheit und Herbheit, Bd 2:375, 373/74.[*] Die gravità riposata (ruhige Würde) der Renaissance, Bd 1:203/4[*] und le grand facile (das großartig Einfache) der Hofkunst Louis XIV., Bd 2:105,[*] Hell 446. Auf Denkmälern stilisiert man sich zurück in die „Antike“ wie im Empire, Bd 2, 498/99,[*] Alt 335. Es ist, genau wie in der Dichtung, eine Maskerade, eine Spielerei mit Phrasen, Ornamenten, Motiven, die nicht mehr leben, perfekte Hohlform, l’art pour l’art. Die Gestalten stehen, ganz wie bei Vergil, in keinem Raum und sind, ganz wie bei Ovid, bloße Schmuckfiguren. Auch im Ägyptizismus ist es der Zug zum Abstrakten, der gesucht wird. Hell 444.

4 Am stärksten ist die augusteische Kunst im naturfarbig bemalten vegetabilischen Ornament aus Marmor. Alle Pflanzengattungen sind aufs sicherste nachgebildet, wiedergegeben, die Einzelheiten der Form und Struktur aufs Feinste unterschieden. Dieser etwas musterhafte, trockene und ängstliche, aber geschmackvolle und eindrucksvolle Naturalismus hat sein Gegenstück in Vergils „Georgica“ wie die lebensvollen Porträtköpfe, die man persönlich zu kennen meint, in Horazens Satiren, wobei wir immer noch die Bemalung hinzunehmen müssen. Bilder, Prop 333, Römer, Hell 275, Schieber, 332, Schauspieler, 364, Cäsar, Prop 349, 376, Cicero, 538, Horaz, Prop 361, (Agrippa, WbdA 10), Prop 405 (Tochter Iulia des Titus, Titus geboren 39 n. Chr.).

5 ὁι ἀρχεῦοι (- ὁι νείοτεροι; oi archeuoi oi neioteroi), hier Archaisten, Attizisten – hier Neoteriker: Xenophon (ἀφελήζ, apheles, schlicht), Herodot (γλυκύ, gliki, lieblich), Thukydides (σεμνόν, semnon, erhaben).*

9 Die alexandrinische Wissenschaft wird in Handbücher und Sammelwerke: Chrestomathien, Florilegien, Doxographien* eingedickt, die Philosophie in Popularschriften verdünnt. Auch die Lyrik, den einen großen Catull ausgenommen, verhält sich wie vergoldeter Gips zu Bronze. Wirkliches Interesse und Talent nur für politische Rede und lehrhafte Geschichte. Ciceros rhetorische Glanzstücke und Sallusts historische Kameen leuchten noch heute in voller Frische.

10/11 Vergil, 70–19, WbdA 740/1, Hell 531, 533/35. Sittliches Ideal, Meister 20/21.

11 Die „Äneis“ war in dieser Form nicht für die Herausgabe bestimmt. Ihr Held ist gar nicht da. Die Sprache hat schillerischen Faltenwurf und Silberton. Niemand, der nicht Philologe oder unehrlich ist, wird leugnen können, daß große Teile bleiern langweilig sind.

12/13 Horaz, 65–8, WbdA 279/80, Meister 23. Edelstes Kunsthandwerk, Melodik. Die Satiren feinste Unterhaltungsliteratur.

13 Horazens sämtliche Werke füllen einen mäßig starken Band.

14 Ovid, 43 vor – 18 nach Chr., WbdA 466/67, Hell 551. Carmen et error: „ars amandi“ (Dichtung und Irrtum: „Die Kunst des Liebens“ und (?) irrtümlicher Glaube, daß Augustus seine Tochter Julia stillschweigend toleriere, die in demselben Jahr verbannt, und seine Vorschubdienste.

15/16 Livius, 59 vor – 17 nach Chr., WbdA 382, Hell 561. Augusteisches Ethos, Meister 21.

16 Livius: Seine Schlachtenschilderungen, die er nicht, wie Xenophon, Polybios, Cäsar, als Fachmann schreibt, sind in farbiger und klingender Sprache gehalten, Lesestücke und Redeübungen oft bloße Tapetenmuster. Breite und Fülle.

Herodotische Frömmigkeit und Fatalismus, aber als späte Kopie.

## 39 Römisches Leben, 1. Jahrhundert S. 59, 60

1 Alles dichtet und liest, Momm 3:563/4, Lesedramen, 569. Redeschriftsteller, 596.

2 Varro: Sie wollen ihre Hände lieber im Theater und Zirkus rühren als im Saatfeld und Weinberg.

3 Mimus: Realistische Kopie des niederen Lebens, ohne Maske; Schauspielerinnen; Improvisation; Obszönitäten. Sullas Verkehr; Cytheris,[*] Freundin des Antonius; hochbezahlte Starcocotten.

4 Varro über Üppigkeit, Momm 3:589/90.

5 Tacitus: Die Zeit des größten Luxus in Rom sei das Jahrhundert nach der Schlacht von Actium, 31, gewesen.

6 Cicero besaß mehrere Miethäuser, andere ganze Straßenzüge und Häuserviertel, Crassus angeblich die halbe Stadt. Kontrast der Luxusbauten und Mietskasernen mit Kellerwohnungen und Mansarden, zu denen man 200 Stufen steigen mußte. Schlafstätten in Tabernen. Mietzinse in Rom durchschnittlich viermal so hoch wie in den anderen italienischen Städten.
Sallust: Während man darauf aus gewesen sei, in der Stadt Landgüter anzulegen, glichen die Villegiaturen (Sommerfrischen) kleinen Städten.

7 Sallust: Wo du jetzt eine Ebene siehst, war ein Berg,[*] wo du hohe Bäume erblickst, war früher nicht einmal Erde; Ovid: Die Wellen müssen den Mauern weichen.

8 Salon, Speisesaal, mehrere nach der Jahreszeit, Konversationszimmer, Bibliothek, bunt mit Statuen und Gemälden, goldene Titelbinden und Umschläge aus Purpurpapier, Hell 288, Pinakothek, Garten und Vogelhaus und Fischteich,

Wildpark; Kassettenplafonds, Mosaikböden, besonders: Silbergeschirr, Kameen (in Daktyliotheken), die sehr kostbaren Tafeln aus Citrusholz und vasa murrina aus opalisierender Milchglasmasse* um zum Teil phantastische Preise. Teppichportieren, Baderäume mit breiten Glasfenstern und Aussicht auf Flur und Meer. Ausstattung, Hell 288/90. Marmor: schneeweiß, warmgelb, violettgefleckt, grüngeädert. Im Gegensatz zu Hellenen kein Sinn für Materialechtheit: Gips, Ton, Glasfluß, gemalter Marmor, die Möbel waren häufig fourniert. Überhaupt war die gesamte römische Kunst Imitation.

Nur im Porträt (durch die Imagines? und wegen Realismus) und in der Architektur (praktisch und großartig) finden sich Ausnahmen; sonst vornehmlich (nicht immer) das Interesse des Sammlers, Snobs, Protzen, der primitiven Prachtliebe – wie viel, wie schwer, wie alt – und wahllosen Besitzfreude. Leichtgläubig gegenüber Fälschungen und angestaunte Kunstwerke zweiten Ranges.

9 Blumenluxus mehr der Massen als der Arten: Rosen, Lilien und Violen, auch im Winter verfügbar (aus Ägypten oder unter Glas gezogen).

10 Bäume: Quitte, duftend, in Zimmern und als „spanische“ Marmelade; Pflaume, von der schon mehrere Sorten gepflanzt werden; Maulbeere, der Verderblichkeit durch Hitze besonders ausgesetzt, daher frühmorgens genossen, als Blattfutter der Seidenraupen noch unbekannt, deren Produkt mit Gold aufgewogen wird; Nußbäume; Kastanien; Mandelbäumchen, schon im Vorfrühling im Blütenschnee; und vor allem die Kirsche des Lucullus aus dem mithradatischen Kriege von der pontischen Küste; hingegen Pfirsich und Aprikose erst im nächsten Jahrtausend. Varro: Italien ist ein einziger großer Obstgarten.

11 Gegen Ende der Republik Baiae

1 am Golf von Neapel, inmitten grüner Berge, unter tiefblauem Himmel.

2 Heilquellen, heiße Schwefeldämpfe, Luftkur;

3 ein halbes Jahrtausend lang die Perle aller antiken Luxusbäder,

4 ein prachtvoller Villenkranz, zum Teil ins Meer hineingebaut; Zaubergärten,

5 täglich Feste, Regatten, Blumencorsi, der ganze Tag erfüllt von rauschender Musik, Spielen und Gelagen in geschmückten Gondeln, Prunkgaleeren, die ganze Nacht von Fackelläufen, Illuminationen, Liebesgeflüster in den vielbesungenen Myrtenhainen; und „Penelope ward dort zur Helena", sprich: die treue Hausfrau wurde zur schönsten Frau der Welt.

12 Changez les dames, Meyer 78, Birt 143. Cäsar: Während des afrikanischen Kriegs war er liiert mit Eunoe, Gattin des Königs Bogud von Mauretanien, fürstliche Geschenke. Kleopatra wohnte, glänzendes Gefolge in Rom in Cäsars *Hause;* doppelter Skandal. Sueton: „Es herrschte allgemein die Ansicht, Servilia, (die Mutter des Brutus, der von Cäsar stammen könnte), suche auch ihre Tochter mit Cäsar zu verkuppeln."

13 Ehescheidungen, Cicisbeo (Galan), Abtreibungen.

14 Damen in Wolken von Wohlgerüchen und Massen von Juwelen, auch an Schuhen, Gewändern, Spiegeln, Fächern, Coiffüren, vielfach imitiert, besonders virtuos die Smaragde. Schönheitspflästerchen, künstlich zusammengewachsene Augenbrauen. Dreifarbensystem für Überwurf, Futter, Unterkleid. Dandys trugen Seide und (ebenfalls als Luxus geltende) Leinenstoffe, parfümierten sich, besonders Zimt.

15 Sklaven: Fackelträger, Laternenträger, Sänftenträger, Sänftenbegleiter, Kleiderherausgeber, Platzanweiser, Frotteure, alle nur für diesen einen Zweck; Zwerge, Riesen, Mohren, Inder, Hermaphroditen, Kretins; Nomenclatoren, die die Namen der Grüßenden angeben (was auch heute noch sehr nützlich wäre), Erinnerer, Zitateinsager, Uhren (in Hebbels „Herodes" eindrucksvoll, aber humorlos). Viele Küchenchargen: eine der wichtigsten war der Vorschneider, scissor; sie übten an Holzmodellen; Brot, Löffel, diese klein, jenes

zu viel, also leckte man sich buchstäblich die Finger ab, WbdA 397/98.

16 * Die cena (das Essen), Hell 295/96. 1. ientaculum Frühstück (englisch): Milch, Wein, Gebäck, Eier, Käse, Obst, Honig. 2. prandium (Lunch) 3. cena (Dinner). Menüfolge: 1. Entree 2. morceaux de résistance* 3. Dessert.
Drosseln, besonders die Wacholderdrossel (Krammetsvogel), in Vogelhäusern mit Feigen, Oliven, Myrtenbeeren gemästet, in einer pikanten Brühe gekocht, nach Art der Gans mit Äpfeln gefüllt, nicht mitgegessen, und mit Spargeln, in Zwiebeln gekocht, serviert, mit Feigen oder Datteln.
Krankenkost.
Das Schweinseuter, von einem fetten Tier, aber noch unberührt von den Jungen, daher sehr milchig, mit Fischsauce zu einem Ragout bereitet.
Die Leber des rohen =, purpurrot=, violetten Papageifischs gilt noch heute als Leckerbissen.
Die beiden höchsten Delikatessen, die berühmten Pfauenhirne und Nachtigallenzungen können, wenn sie nicht überhaupt erfunden waren, nur alberne Protzerei von küchenunverständigen Parvenus gewesen sein.
Die Vorspeisen: die sehr wohlschmeckenden Eierstöcke des Seeigels, das Fleisch der Kammuscheln und der Lazarusklappern und ähnliche Meeresgenüsse waren, da massenhaft, wohlfeil und als urintreibend und verdauungsfördernd ebenfalls ärztlich empfohlen. Austernzucht: künstlicher Lucrinersee bei Baiae, unübertrefflich; aber auch schon damals die britannischen. Hundert galten für das normale Schlemmerquantum. Aber auch Soldatenkost, nicht ungefährlich.
Daß Muränen mit Sklavenfleisch gefüttert wurden, ist Fabel. Hingegen hatte Crassus eine Muräne, die goldene Ohrringe und Juwelenhalsband trug und auf seinen Ruf hörte. Pisces natare oportet (Fische sollen schwimmen). Weine, Hell 298.

17 Lucull, Birt 108, 106. Auch Aquarium zur Augenweide.

18 Schnee, der allerdings bisweilen recht schwierig und kostspielig zu beschaffen war, warf man in die Getränke, später kühlte man von außen. Professionelle Sittenprediger wie Varro und Seneca regten sich darüber sehr auf. Eiskühlung oder gar Kunsteis war unbekannt.

19 Die Pfauenfeder zum sich Übergeben: eine medizinische Maßregel und, wenn man will, Mode wie Purgieren und Aderlaß (Barock), Abführsalze und Darmbad (jetzt). Gerade ein mäßiger Mensch, wie Cäsar, tat es nach einer üppigen Mahlzeit. Seneca: Edunt ut vomant, vomant, ut edant (Sie essen, um zu erbrechen, sie erbrechen, um zu essen).

20 Kaffee und Tee, Fruchteis und Schokolade, Vanille und Paprika, Sekt und Likör waren unbekannt; von den vier Ingredienzien des Punschlieds (Schiller: Wasser und Arrak, Zucker, Zitrone), ja den drei der Limonade war nur das Wasser bekannt.*

12 Lucrez (99–55) prophezeite den Weltuntergang. Auch „Antonius und Kleopatra“: Oktavian ist weder Richmond (aus Richard III.) noch Fortinbras (aus Hamlet).

13 Armin, Fürst der Cherusker, WbdA 42. Er fiel, wie Cäsar, unter den Dolchen einer republikanischen Adelsverschwörung. Mommsen: „Auch die Geschichte hat ihre Flut und ihre Ebbe; hier tritt nach der Hochflut des römischen Weltregiments die Ebbe ein.“*

14 Tiberius, 14–37, Plötz 125, Birt 214/15, Prop 381/85. S. 51, 52

1 Augustus soll, schon dem Tode nahe, gesagt haben: „Unglückliches Römervolk, das von diesen Zähnen langsam zermalmt werden wird“ und er selbst, Tiberius, sagte von seiner Situation als Herrscher, er halte den römischen Wolf an den Ohren, weshalb seine anfängliche Weigerung, die Regierung zu übernehmen, vielleicht nicht bloß unverschämtes Gaukelspiel war, wie Sueton meint.

2 Die Soldaten nannten ihn Biberius (Trunkenbold).

3 In späteren Jahren plagte ihn Ausschlag. Schon aus diesem Grunde verdüstert.

4 Als er erfuhr, daß sein Sohn Drusus nicht durch seine unmäßige Schlemmerei, sondern durch Gift umgekommen sei, wurde er zum Feind des Menschengeschlechts, „indem er, aller Scham und Furcht entbunden, nur seiner eigenen Natur gehorchte". (Tacitus)
5 Keinen Tag feierte der Henker; ein Edikt verbot den Angehörigen von Hingerichteten zu trauern.
6 Abscheuliche Perversitäten und Martern auf Capri (?[*]).
7 Da er sich, schon aufgegeben, noch einmal erholte, hat ihn Macro, der Gardepräfekt, erstickt mit Kissen (Tacitus, Cassius Dio).
8 Sein Tod versetzte das Volk in einen Freudentaumel und rief, da es ihm nicht die Erde gönnte: In den Tiber mit dem Tiberius.

15 In diesen Tagen des Lasters und der Leere, da der Welt nur die Wahl gegeben schien zwischen dem Grab und dem Grauen, wurde in einer fernen, verachteten Provinz ein sonderbarer Mensch geboren. Der verstand von der Philosophie mehr als Plato und vom Erobern mehr als Alexander und erlöste diese Menschheit.[*]

# Von Friedell herangezogene Literatur

Aufgelistet sind nur neuzeitliche Quellen. Friedells Kurzbenennungen führten bei der Suche nach den eigentlichen Quellen selten zu ‚Treffern'. Das mag an den Auflagen liegen oder an der Werksvielfalt mancher Autoren. So würde man z.B. von Julius Kaerst die *Geschichte des Hellenismus* heranzuziehen, doch die damals aktuelle Auflage von 1926 ist nicht die richtige.


Alt s. Friedell (1936): *KdA*

Band 1-3 s. Friedell (1927): *KdN, Band 1, 2, 3*

Beloch, Karl Julius ([2]1927): *Griechische Geschichte, Band 4: Die griechische Weltherrschaft;* de Gruyter, Berlin

Birt, Theodor (1913): *Römische Charakterköpfe;* Leipzig

\- (1909): *Zur Kulturgeschichte Roms;* Leipzig

Burckhardt, Jacob (1860): *Die Kultur der Renaissance in Italien;* Schweighauser, Basel

Christ, Wilhelm von ([4]1905): *Handbuch der klassischen Altertumswissenschaften. Bd. 7. Geschichte der griechischen Literatur bis auf die Zeit Justinians I; Beck, München*

Delb Delbrück, Hans ([3]1920): *Geschichte der Kriegskunst · Teil 1;* Stilke, Berlin

Deussen, Paul ([2]1919): *Allgemeine Geschichte der Philosophie unter besonderer Berücksichtigung der Religionen. 2. Band 1. Abteilung: Die Philosophie der Griechen;* Brockhaus, Leipzig

Egelhaaf, Gottlob (1922): *Hannibal · Ein Charakterbild;* Krabbe, Stuttgart

***Friedell, Egon:***

Schau 1 (1908): Julius Caesar; *Schaubühne,* 09. 01. 1908 (derselbe Artikel bei *Schau* 2, 3)

Band 1 (1927): *Kulturgeschichte der Neuzeit. Von der Schwarzen Pest bis zum Weltkrieg Erster Band · Einleitung / Renaissance und Reformation;* Beck, München (KdN)

Band 2 (1928): *Kulturgeschichte der Neuzeit. Von der Schwarzen Pest bis zum Weltkrieg · Zweiter Band · Barock und Rokoko / Aufklärung und Revolution;* Beck, München (KdN)

Band 3 (1927): *Kulturgeschichte der Neuzeit. Von der Schwarzen Pest bis zum Weltkrieg · Dritter Band · Romantik und Liberalismus / Imperialismus und Impressionismus;* Beck, München (KdN)

Alt (1936): *Kulturgeschichte des ALTertums · Band 1: Ägypten und Vorderasien;* Helikon, Zürich (KdA)

Hebbel, Friedrich (1840): *Judith;*

Heer ([2]1928): *Die wichtigsten Kriegs- und Feldzüge der Weltgeschichte;* Verlag der Militärwissenschaftlichen und technischen Mitteilungen, Wien (im Auftrag des Oesterreichischen Bundesministeriums für *HEER*eswesen verfaßt)

Heib Heiberg, Johan Ludvig (1925): *Geschichte der Mathematik und Naturwissenschaft im Altertum;* Beck, München

Hell Meyer, Eduard (1925): *Blüte und Niedergang des HELLenismus in Asien;* Curtius, Berlin

Kärst Kaerst, Julius ([2]1926): *Geschichte des Hellenismus* · 2 Bände; Teubner, Leipzig · Berlin

Meister ? (auch unter Richard Meister nicht fündig)

Meyer, Eduard ([3]1922): *Caesars Monarchie und das Principat des Pompejus · Innere Geschichte Roms von 66 bis 44 v. Chr.;* Cotta, Stuttgart

Mommsen, Theodor (1933): *Römische Geschichte* · Band 1: Bis zur Schlacht von Pydna 2: Von der Schlacht von Pydna bis auf Sullas Tod 3: Von Sullas Tode bis zur Schlacht von Thapsus; Weidmann, Berlin (nicht gemeint ist die gekürzte Ausgabe von 1932 bei Phaidon, Wien)

Myt(h) Roscher, Wilhelm Heinrich (1924-1937): *Ausführliches Lexikon der griechischen und römischen Mythologie . 6 Bände;* Teubner, Leipzig

Nietzsche, Friedrich (1988/89): *Ecce Homo; Götzen-Dämmerung;*

Plötz: *Der große Ploetz;* seit 1863 bis heute 35 Auflagen; *Der kleine Ploetz* liegt bei 36 Auflagen in verschiedenen Verlagen. Gegründet von Karl Julius Ploetz.

Prop Rodenwaldt, Gerhard (1927): *Die Kunst der Antike · Hellas und Rom* (*PROPyl*äen Kunstgeschichte); Ullstein, Berlin

Sch 1, 2, 3 s. Friedell, Egon (1908): Julius Caesar; *Schaubühne,* 09. 01.

Shakespeare, William (1599): *Julius Caesar;*

WbdA = Lamer, Hans (1933): *Wörterbuch der Antike mit Berücksichtigung ihres Fortwirkens;* Kröner, Stuttgart

Wendland, Paul / Kern, Otto (1895): *Beiträge zur Geschichte der griechischen Philosophie*; Riemer, Berlin

# Nachträge vom Herausgeber

## Anmerkungen

Die Anmerkungen sind im Text mit einem Sternchen * markiert.

Einleitung: Variante durch EF: „Ob du gelebt hast, erfährst du erst nach dem Tode.“ Beide Zitatvarianten ließen sich für Tertullian nicht nachweisen. In eine ähnliche Richtung ginge auch „Das Zeugnis der Seele“ von Tertullian:
„Es wäre zu weitläufig, Männer wie Curtius und Regulus vorzuführen oder die Griechen, deren Lobeserhebungen der Todesverachtung im Hinblick auf den nachfolgenden Ruhm unzählig sind. Wer ist auf Auffrischung seines Andenkens nach seinem Tode heutzutage nicht so sehr bedacht, daß er nicht durch Werke der Gelehrsamkeit, durch einen löblichen Charakter oder sogar durch das ehrgeizige Verlangen nach einem Leichenmonument seinen Namen zu verewigen suchte?“

Friedell war das einleitende Motto sehr wichtig. Für den Auftakt von ‚*Griechenland*‘ hatte er neben dem gewählten Novalis-Zitat noch weitere bereitgestellt:
„Unser Ausgangspunkt ist der vom einzigen bleibenden und für uns möglichen Zentrum, vom duldenden, strebenden und handelnden Menschen, wie er immer ist und war und sein wird; daher unsere Betrachtung gewissermaßen pathologisch sein wird. (Jakob Burckhardt)
Definierbar ist nur, was keine Geschichte hat. (Nietzsche)
Das Hellenentum, die einzige Form, in der gelebt werden kann: das Schreckliche in der Maske des Schönen (Nietzsche).

Die Geschichte hat noch nie etwas anderes gelehrt, als daß die Menschen aus ihr nichts gelernt haben. (Hegel)
Die Zeit, die gierige, das Chaos frißt uns auf. (Seneca)
Auch der Nike folgt ihre Nemesis. (Mommsen)
Ein Trugbild waltet über uns die Zeit und rollt mit sich dahin des Lebens trübe Flut. (Pindar) [...]
Was die Geschichte erzählt, ist der lange, schwere, verworrene Traum der Menschheit. (Schopenhauer)
Der Irrtum ist bei einzelnen etwas Seltenes, aber bei Gruppen, Parteien, Völkern, Zeiten die Regel." [Brief Friedells an Walther Schneider, ca. 1937, in Friedell (1961): *Aphorismen und Briefe*, 176 f.].

Einleitung: Friedells Variation über der Zeile: Tyrtaios: Ob er gleich unter der Erde liegt, wird er unsterblich.

Einleitung, Herostrat. Um seinen Namen unsterblich zu machen, zündete er 356 v. Chr. eines der sieben Weltwunder an, den Tempel der Artemis in Ephesus. Obwohl die Stadtverwaltung von Ephesus verbot, Tat und Namen des Täters zu nennen, hielten sich Autoren wie Theopompos nicht daran. So steht ‚Herostrat' heute für jene Täter, die für ihren Privatruhm Kulturgüter zerstören oder andere Gräueltaten begehen.

1 Friedell hat sich bereits in der ‚Neuzeit' mit den alten Griechen beschäftigt und ein Urteil über den Hellenismus abgegeben:
„Der Alexandrinismus ist überhaupt im höchsten Grade geeignet, das gesamte traditionelle Bild vom Hellenentum umzukehren. Da man immerzu wie hypnotisiert auf das perikleische Zeitalter starrte, ist man zwei Jahrtausende lang an dieser Entwicklungsstufe der griechischen Kultur vorübergegangen, indem man sie entweder als ‚Verfall' oder als überhaupt nicht existent behandelte. Man gewöhnte sich sogar daran, das Wort ‚Alexandrinertum' zum beschimpfenden Gattungsbegriff zu depossedieren: wenn ein Professor oder Literat diese Vokabel in den Mund nahm, so wollte er damit sagen, daß es sich um eine geistige oder künstlerische Richtung handle, die blutleer und

anempfunden, mechanisch und künstlich, professoral und unschöpferisch, kurz, so wie er selber sei. Nun verhält es sich aber mit diesem Begriff wie mit so vielen anderen: ein Merkmal, und nicht einmal das wesentlichste, hat alle übrigen überwuchert.
Eigentlich gelangt in der alexandrinischen Periode, die die drei letzten Jahrhunderte (genauer: das dritte Jahrhundert) vor Christus umfaßt, die hellenische Volksbegabung erst zu ihrer feinsten und reichsten Entfaltung. Die griechische Kultur wird zur Weltkultur: sie verbreitet sich über das gesamte antike Zivilisationsgebiet und sie entwickelt erst in diesem Zeitraum jenen behenden und scharfen, freien und allseitigen Geist, den wir als spezifisch hellenisch zu betrachten pflegen, in seiner ganzen Fülle. Wenn erst seit wenigen Jahrzehnten ein stärkeres Interesse für die Alexandrinerzeit erwacht ist, so hat das einen sehr naheliegenden, man möchte fast sagen, egoistischen Grund: sie hat nämlich eine große Ähnlichkeit mit der unsrigen" [KdN 803 f.].

1,1 Droysens Werk erschien 1836/43, also tatsächlich 100 Jahre vor Friedells Arbeiten, zu der Zeit zwischen Alexander und Kleopatra. In der zweiten Auflage von 1877/78 wurden die drei Bände unter dem Titel *„Geschichte des Hellenismus"* zusammengefasst. Sie ist noch 1998 neu aufgelegt worden. Doch Friedell zitiert im Weiteren nicht aus ihr, war sie doch noch ganz auf Potentaten und Kriegshandlungen ausgerichtet.

1,4 Die Weinlagen von Assmannshausen, einem Stadtteil von Rüdesheim am Rhein, sind fast ausschließlich mit Spätburgunderreben besetzt, aber kein „Burgunder".

1,5 Paul Wendland, deutscher Altphilologe (1864–1915). Maßgeblich wurde seine Edition der Schriften des Philo von Alexandria. Friedells Hinweise entstammen möglicherweise Wendlands Buch: *„Beiträge zur Geschichte der griechischen Philosophie"*, 1895 (mit Otto Kern).

2,2 Die Schlacht bei Issos, 333, war der Auftakt zu Alexanders Perserkrieg. Mit der Schlacht von Ipsos, 301, endigte das

Alexanderreich endgültig und zerfiel in die Diadochenreiche. Ipsos in Anatolien gehörte zum Reich des Antigonos.

2,3 Apamea liegt in Nordsyrien am Orontes, unter Alexander d. Gr. Pella genannt, durch Seleukos I. neu gegründet, heute ein gewaltiges Ausgrabungsfeld.

2,5 Demades, zeitgenössischer Staatsmann in Athen

2,7 Zu Cato s. S. 52

2,10 Alois Lexa von Aehrenthal (1854–1912): Der tripolitanische Krieg wird heute Tripolis-Krieg oder Italienisch-türkischer Krieg benannt und dauerte von September 1911 bis Oktober 1912. Unmittelbar danach griffen die verbündeten Serbien, Bulgarien, Montenegro und Griechenland als Balkanbund die Türkei an: der Erste Balkankrieg. Von Aehrenthal trieb als österreichischer Außenminister die Annexion Bosniens voran, weshalb Serbien näher an Russland rückte. Am 8. November 1912 eroberten die Griechen das bis dahin türkische Saloniki.

3,1 Bd 1:185 = S. 188 f. in der einbändigen ‚Neuzeit'

3,4 Der Euhemerismus wollte mythische Vorstellungen rational deuten und sah deshalb in den griechischen Göttern ursprüngliche Menschen, die posthum vergöttert worden waren.

3,7 Tyrannolatrie: Die Furcht vor den Tyrannen wandelte sich in übertriebene Verehrung der Tyrannen.

4.1 Weltwirtschaft: Dieses Wort wird bereits von Friedell selbst andernorts illustriert, in der ‚Neuzeit' [806], wo er bei der „Erfindung der Antike" [KdN 803 ff.] einen kurzen Abriss der altgriechischen Kultur gegeben hat.

4,3 Schweine: für die Ägypter unreine Tiere, Tiere des Seth. Man kannte lange keine Darstellung von ihnen. Dann aber fanden Archäologen Mengen von Schweineknochen. Am Nil wurde demnach nicht nur viel Schweinefleisch exportiert, sondern auch gegessen.

4,9 Syrakosia: Dieses Prunkschiff baute Archias von Korinth unter Anleitung von Archimedes für Hieron II. von Syrakus, König von 269 bis 215.

4,9 Es wird spekuliert, dass Kleopatras Prunkschiff die Thalamegos gewesen sei, ein Schiff des Ptolemaios IV. [Schuller, Wolfgang (2012): Das Traumschiff; *Spiegel Online*, 27. 03.]

4,10 Heron entwickelte den feuerbetriebenen Heronsball, die erste dokumentierte Wärmekraftmaschine, eine windbetriebene Orgel und entwarf Tempeltüren, die sich durch ein Feuer auf dem Altar öffneten. Ktesibios erfand eine Druck- und Saugpumpe, eine wassergetriebene Orgel und eine Wasseruhr mit Zahnradantrieb. Archytes (Archytas) von Tarent erfand auch die Ratsche und vor Archimedes den Flaschenzug.

6,3 Sarissen: Spieße mit bis zu 6 m langem Holzschaft.

6,5 Das als Waldesel (Wildesel?) bezeichnete Geschütz hieß bei den Römern wegen des Tieres „Onager“.

7,1 Bd 1:209/11 = S. 213 in der einbändigen ‚Neuzeit‘

7,4 Aristoteles (384–322): Die Griechen zählten von ihm fast 200 Buchtitel auf und kalkulierten fast 500.000 Zeilen von ihm. Seltsamerweise sind die fürs breitere Publikum gedachten Schriften verloren, die für die Schule erhalten.

7,5 Über den Untergang der Bibliothek von Alexandria wird viel spekuliert. Verbrannte sie unter Cäsar, 48 v. Chr. oder 215/16 unter Kaiser Caracalla oder 272 unter Kaiser Aurelian oder 642 unter den Arabern oder ging sie an mangelndem Interesse zugrunde?

7,11 Duris aus Samos, früher der tragischen Geschichtsschreibung, heute der Sensationshistorie zugerechnet.

8,1 Friedell hat die hellenistischen Naturwissenschaften bereits in der ‚Neuzeit‘ [808 f] gestreift und den Abschnitt dort so beendet:

„Die antike Menschheit stand also damals dicht vor der Annahme des heliozentrischen Systems, der Entdeckung Amerikas und der Erfindung der Dampfmaschine.“

8,5 Pytheas von Massilia, dem heutigen Marseille. Von ihm erhielten wir Kunde von Thule und Abalon (kelt. Avalon?), von Polarlicht und Bernstein.

8,7 Variante von EF: Das Volumen eines Zylinders verhält sich zu einer Kugel, wenn er deren größten Kreis zur Basis und deren Durchmesser zur Höhe hat.

8,13 Beim Weihwasserautomat schwamm eine Holzscheibe im Wasser. Fiel ein Geldstück auf die Scheibe, drückte er sie hinunter und damit Weihwasser aus dem Behältnis hinaus.

8,14 Hier irrt Friedell: Es war Philon von Byzanz, der sich um Fleischextrakt, Vermeidung von Schimmelbildung und hydraulische Regeltechnik bemühte. Philon von Eleusis hat als Architekt das Schiffsarsenal von Athen gebaut.

11,8/9 Friedell schreibt hier Ζεν (Zen), obwohl Ζευ oder Ζευς (Zeus) zu erwarten wäre, vielleicht die groteske Ableitung von zen = leben. Zu Hera existierte in der mykenischen Götterwelt die Entsprechung Δία (Dia) als höchste weibliche Gottheit. Sie wird später mit Hera kultisch verbunden. Das geht auf die gemeinsame indogermanische Wurzel diu = hell/Tag, die auch in lat. *deus* und *Juppiter*, germ. **Tiwaz* und vedisch *devá* steckt. Doch Friedell schreibt für Hera nicht Ερα (Era), sondern ἀήρ (aer). Laut Walter Burkert war Hera die Schutzgöttin der Luft (aer), ihr Name stelle ein Anagramm von aer dar. Das ist vielleicht Ausdruck jener grotesken Mythologie, die Friedell demonstrieren wollte.

11,11 Bd 1:345 = S. 349-351 in der einbändigen ‚Neuzeit‘

11,11 Dikaiarch von Messene. Sein „Bios Hellados“ gilt heute als die erste Kulturgeschichte Griechenlands. Er war einer der ersten Geographen, die Koordinaten angegeben haben.

11,11 Lykurg war der sagenhafte Gesetzgeber Spartas, angesetzt im 8. Jahrhundert; Euhemeros lebte um 300, Iambulos im 3. Jahrhundert.

11,19 Kyrenaiker: Anhänger einer Philosophenschule, die von Aristippos von Kyrene gegründet worden ist. Von ihren Schriften ist praktisch nichts erhalten.

11,22 Aretologie: Diese Lehre von der Tugend (arete) geht auf Sokrates zurück, der den Begriff moralisch interpretierte, nicht nur im Sinne von Gutsein, Tauglichkeit, dem auch ein Gegenstand entsprechen konnte.

12,9 Diokles von Karystos war ein Arzt, der auch anatomische Sektionen vornahm. Mit dem Zeus ist die berühmte Zeus-Statue des Phidias im Zeus-Tempel von Olympia gemeint, ein thronender Gott von 12 bis 13 m Höhe. Sie wurde bis 430 geschaffen.

12,10/11-15 Eduard Zeller (1814–1908) hat sich gemäß Deussen [11] mit seiner fünfbändigen *„Philosophie der Griechen“* verdient gemacht.

12,17 Pierre Gassendi (1592–1655) beschäftigte sich seit 1625 eingehend mit Epikur, dem er 1647 eine maßgebliche Biografie widmete: *„De vita et moribus Epicuri“*. Da er im Gegensatz zu Descartes nicht von Geist *und* Materie, sondern nur von Materie ausging, wurde er zu einem wesentlichen Vertreter des Materialismus.

13,5 Änesidemus aus Knossos brachte die skeptische Schule um die Zeitenwende wieder zur Bedeutung. Von seinen Büchern, darunter einem achtbändigen Werk, haben sich lediglich ein kurzer Auszug bei Photius und zehn Gesichtspunkte gemäß Sextus Pyrrhos erhalten. Daraus wurde der Satz gewonnen, „daß eine jede Sache weder durch sich selbst bewiesen werden könne, wie aus dem Widerstreit der Meinungen hervorgehe, noch durch eine andere, da es mit dieser wieder ebenso stehe, usw.“ [Deussen, 454].

Dafür gibt es unter seinem Namen einen 1792 erstmals gedruckten Text: *„Aenesidemus oder über die Elemente der* *von dem Herrn Prof. Reinhold in Jena gelieferten Elementar-Philosophie Nebst einer Vertheidigung des Scepticismus gegen die Anmaaßungen der Vernunftkritik. 1792"*. Es dauerte, bis man Gottlob Ernst Schulze (1761–1833) als Autor eruierte, enthielt doch das Buch keine Hinweise auf Urheber, Verlag oder Erscheinungsort. Als Professor in Helmstedt-Göttingen hatte er Schopenhauer als Studenten. Später wurde er als Änesidemus-Schulze geführt und zitiert. Er war ein Gegner Kants, der als „Allerzermalmer" bezeichnet worden ist, passend zur alleszermalmenden Zeit. Schulzes Kontrahent Carl Leonhard Reinhold war Kantianer, Aufklärer, Illuminat, Freimaurer.

13,8 Der Zweifel galt nicht nur den religiösen Vorstellungen, sondern auch den philosophischen. Karneades war im 2. Jahrhundert Leiter der Platonischen Akademie. Er vertrat die Ansicht, gesichertes Wissen sei unerreichbar. Da auch dies für Skeptiker eine unzulässige Behauptung war, schloss er seine eigenen Prämissen in diese Einsicht ein. Es gibt kein objektiv Wahres und kein Falsches und damit auch kein ‚richtig' oder ‚falsch'.

14,2 Friedells praxitelische Gottheiten werden diesem Bildhauer nicht mehr zugerechnet. Der „Zeus von Otricoli" galt auch als Werk des Phidias, wird aber heute keinem bekannten Namen mehr zugeordnet. Die „Diana von Versailles" gilt mittlerweile als römische Marmorkopie nach der Zeitenwende von einer Bronzestatue des Leochares aus dem 4. vorchristlichen Jahrhundert. Dasselbe gilt für den „Apoll von Belvedere". Allein der „Hermes von Olympia" wird heute als ein Original des Praxiteles gesehen – doch den hat Friedell nicht genannt.

14,3 Euhemeros hat die griechischen Götter auf zum Gott erhobene Menschen reduziert.

15,2 Frauenemanzipation: dazu ‚Neuzeit' S. 809

15,4 Das Kürzel „S." bezieht sich auf Herondas' Mimiambe „Beim Schuster". Dort zählt Meister Kerdon 16 verschiedene Schuhsorten aus seinem Sortiment auf, etwa Promenaden- und Morgenschuhe, Nachtspringerle, krebs- und scharlachrote Rundumverschnürte, Patentsandalen …

15,11 Das Silphion wuchs nur in einer Gegend Libyens, wurde schon zur Zeit Plinius' mit Silber aufgewogen, weil die Pflanze bald danach ganz ausstarb. Sie kam also vielleicht zwangsläufig aus der Mode.

15,11 Athenaios war kein Zeitgenosse, sondern schrieb im 3. Jahrhundert n. Chr. sein „Gastmahl der Gelehrten".

15,20 Marcus Licinius Crassus, im ersten Triumvirat mit Caesar, war damals der reichste Mann Roms. Als er 53 bei Carrhä gegen die Parther verlor und getötet wurde, endete wohl eine Ära des Wohlstands.

Friedell hat zielsicher zwischen Mommsens langer Beschreibung der Schlacht und der politischen Szenerie in Rom den Hinweis auf die Schauspielbräuche im Osten gefunden:
„Schon war die Tafel aufgehoben; eine der wandernden kleinasiatischen Schauspielertruppen, wie sie in jener Zeit zahlreich bestanden und die hellenische Poesie und die hellenische Bühnenkunst bis tief in den Osten hineintrugen, führten eben vor dem versammelten Hofe Euripides' Bakchen auf. Der Schauspieler, der die Rolle der Agaue spielte, welche in wahnsinnig dionysischer Begeisterung ihren Sohn zerrissen hat und nun, das Haupt desselben auf dem Thyrsus [Stab des Dionysos] tragend, vom Kithäron zurückkehrt, vertauschte dieses mit dem blutigen Kopfe des Crassus" [Mommsen, 874].

16,16 Bd 2:21 („Bramarbas") = S. 431 in der einbändigen ‚Neuzeit'

17,1 Herondas, eher als Herodas, auch Herodias bekannt, stammte vermutlich von der Insel Kos. Er setzt ein Versmaß des Hipponax fort.

17,4 Hipponax: Seltsamerweise sind Datierungen im Hellenismus oft sehr schwierig, obwohl gerade damals die Wissenschaften aufblühen, Kataloge und ‚Baedeker' entstehen.

So kann dann auch Hipponax aus dem 6. zum Vergleich mit Herondas des 3. Jahrhunderts herangezogen werden.

18,7 Hermann Bahr (1863–1934), in Wien als „der Mann von Übermorgen“ immer am Puls der literarischen Zeit.

18,11 Erzählungen über Alexander gab es bald nach seinem Tod. Aber die erste, lateinische Fassung des „Alexanderromans“ stammt erst aus dem 4. nachchristlichen Jahrhundert, die nächste aus dem 10., weitere in Französisch aus dem 12. Jh. Dieses Opus durchzieht die Zeiten.

18,15 Das Kürzel „W.‘s Regia“ ließ sich nicht auflösen. Vielleicht bedeutet es „Wagners Regie“, war er doch *der* Komponist für romantische Liebe, vom *„Fliegenden Holländer“* bis zu *„Tristan und Isolde“*.

19,1 Nach diesem Punkt gibt Friedell den Querverweis auf „(Näheres bei Laokoon). 20, Rückseite B, 3.4.“, der hier auf S. 46 steht.

19,3 Für den Koloss von Rhodos sind 70 Ellen Höhe überliefert. Das ergibt je nach Ellenlänge 30 bis 35 m. Hinzu ist ein beträchtlicher Doppelsockel hinzuzurechnen, dessen Höhe aber nicht bekannt ist. Die Riesenstatue war ab 304 nach der vergeblichen Belagerung durch Demetrios I. Poliorketes (der Beiname bedeutet „Städtebelagerer“) als Weihgeschenk für Helios, den Sonnengott errichtet worden. Sie wurde binnen zwölf Jahren bis ca. 292 errichtet. Das Weltwunder stürzte ca. 226 v. Chr. bei einem Erdbeben zusammen.
Für den Leuchtturm von Pharos werden heute 115 bis 160 m kalkuliert, je nach Zugrundelegung der ägyptischen Elle oder der Königselle. Erbaut wurde er von 299 bis 297 v. Chr.; zerstört wurde er erst im 14. Jh. von einem Erdbeben.

19,4 Es handelt sich um den „Warren head“, der antike Kopf einer jungen Frau, gefunden auf Chios, den der Sammler Edward Perry Warren nicht an Auguste Rodin verkaufte.

19,4 „Taten und Leiden des Lichtes“ – Dieses Zitat stammt aus Goethes *Farbenlehre*.

19,4 Bd 3:469 (392) = S. 1412 f. (1334 f.) in der einbändigen ‚Neuzeit'

20,8 *„Rinaldo Rinaldini":* Die Räuberpistole von Christian August Vulpius und damit vom Schwager Goethes erschien 1799. Die Auflagenhöhe war bedeutend. Friedell spottete in dem undatierten, posthum erschienenen Aufsatz *„Der Schwager des Vulpius",* man kenne Goethe nur als den Schwager, also auf dem Umweg über Vulpius, was trotz der Erfolge von *„Götz"* und *„Werther"* (1773/74) ein Vierteljahrhundert später gestimmt haben könnte.

20,9 Hier hat Friedell an ein anderes Kunstwerk gedacht, besteht doch der Pergamonaltar nicht aus nur zwei Marmorblöcken, auch nicht aus pentelischem, sondern aus prokonnesischem Marmor. Obendrein sind an dem in Berlin ausgestellten Kunstwerk bislang keine Farbreste gefunden worden. Möglicherweise ging es Friedell bereits um den Alexandersarkophag, der aus zwei riesigen, pentelischen Marmorblöcken gemeißelt worden ist und lebhaft bemalt war. Die ursprüngliche Farbigkeit der griechischen Marmorwelt unterliegt keinem Zweifel.

20,11 Franz Wickhoff (1853–1909) war Ordinarius für Kunstgeschichte an der Universität Wien. Er gilt mit seinem methodischen Rigorismus als eigentlicher Begründer der Wiener Schule der Kunstgeschichte und sah spätantike Kunst nicht mehr als Verfallserscheinung.

20,14 Zitat aus Arthur Schopenhauer: *„Die Welt als Wille und Vorstellung",* Band 1, Kap. 48, § 46

21 Die hier ausgewählte Vorbemerkung stammt aus Friedells sog. ‚Kulturgeschichte Griechenlands', also aus demselben Buch, aus dem Abschnitt „Polygnot", in dem er die fehlende Malerei als zentrale Lücke beklagt, allerdings noch von der musikalischen Lücke übertroffen.

21,9 Der berühmte Torso von Belvedere, von oder nach Apollonios, zeigt einen muskulösen Männerkörper, der nach

Meinung etlicher heutiger Kenner den sitzenden Ajax (Aias) beim Entschluss zum Selbstmord abbilden könnte.

22,2 Friedrich Leo (1851–1914) war Professor für Altphilologie, dem die römische Literatur um Seneca und Plautus ein besonderes Anliegen war.

24, 9 Das vervollständigte Zitat steht bei Baron de Montesquieu: „*Auswahl aus seinen Schriften. Betrachtungen über die Ursachen der Größe der Römer und ihres Verfalles.* 1734. Kapitel 4. Die Gallier. Pyrrhus. Vergleich zwischen Rom und Karthago. Krieg mit Hannibal."

24,10 Bd 2:204, 513, Bd 3:305, 313, 334, 437 = S. 616, 929 f, 1245 f, 1253 f, 1276, 1380 f. in der einbändigen ‚Neuzeit'

25,3 Ein Cato-Zitat laut *Carmen de Moribus,* Fragment 3

26,2 172 bis 165 fand der Makkabäer-Aufstand einer Gruppe von Juden um Judas Makkabäus (= Hammer) gegen die Seleukidenherrschaft statt. Danach Herrschaft der Hasmonäer bis 63. Der Aufstand wird in drei der vier Makkabäer-Büchern und von Flavius Josephus geschildert.

26,6 Die Essäer, heute meist Essener genannt, werden mit Qumran und En Gedi am Toten Meer in Verbindung gebracht, was ebenso oft bestritten wird.

26,6 Am Abschnittsende Rücksprung zu Blatt 25/26, deshalb die scheinbar fehlende Nr. 7 zwischen 6 nach 8.

28,15 Die Scharteke war ursprünglich ein altes, inhaltlich wertloses Buch, damals eine Bücherrolle, oder ein anspruchsloses Theaterstück. Erst im 19. Jahrhundert wurde daraus die unfreundliche Bezeichnung für eine alte Frau.

29,7 Ennius dichtete unter anderem Tragödien des Euripides in Latein nach, wie er generell als Vermittler zwischen griechischer und lateinischer Literatur gilt. Von seinen Werken sind nur Fragmente erhalten.

29,10 Bd 3:378 = S. 1320 f. in der einbändigen ‚Neuzeit'

31,2 Sertorius: Ein nur hingetupfter Name – und schon lässt sich Geschichte aufblättern. Er war Ritter, Offizier, Militärtribun, Quästor, Prätor, Volkstribun – nein, diese letzte Bewerbung vereitelte Sulla, worauf Sertorius zu Marius wechselte. Er trieb in Spanien, Mauretanien und dem heutigen Portugal Politik und baute sich eine Herrschaft auf, die einige Jahre Souveränität gegenüber Rom behauptete. Als der Römer Peperna zu ihm stieß, errichtete er sogar einen Gegensenat aus 300 Römern. Daraufhin schickte Rom mehrere Feldherren, doch Sertorius behauptete sich, indem er sich mit Mithridates verbündete. Doch 72 wurde er durch Pepernas Verschwörer erdolcht. So hatte elf Jahre lang ein römisches, doch romfeindliches Sonderreich Bestand, dem Pompeius den Garaus machte. Was für zum Teil wüste Geschichte verbirgt sich hinter all den römischen Namen des 1. Jahrhunderts!

31,6 Mit „Sallust“ ist dessen Schrift *„De coniuratione Catilinae“* oder *„Bellum Catilinae“* gemeint. Von Mommsens Sicht, hier liege reine Tendenz vor, hat sich die spätere Forschung weitgehend abgesetzt.

31,9 Das Nietzsche-Zitat beschließt in *„Götzen-Dämmerung oder Wie man mit dem Hammer philosophirt“* den Abschnitt 45 des Kapitels „Streifzüge eines Unzeitgemäßen“; erschienen nach seinem Zusammenbruch, 1889.

33,2 Guglielmo Ferrero (1871–1942) hat seine Monographie Cäsars als zweiten von fünf Bändern bereits zwischen 1902 und 1907 veröffentlicht: „Grandezza e decadenza di Roma“. Die Faschisten stellten ihn unter Hausarrest, ließen ihn aber dann ins Schweizer Exil gehen. Auf Deutsch erschien sein Hauptwerk 1908 bis 1910. Es war also aktuell, als Friedell seinen *Schaubühne*-Artikel schrieb.

33,4 Hinter Shakespeares Rollennamen Decius verbirgt sich der Cäsarmörder Decimus.

33,9 George Bernard Shaw (1856–1950) publizierte seine Komödie *„Cäsar und Cleopatra“* 1898.

33,14:10 eine Erdhölle: „Kurz darauf brach ein Bürgerkrieg aus, der 14 Jahre lang dauerte, das Gros der römischen Aristokratie hinwegraffte und dem Weltreich eine neue Ordnung bescherte: eine Militärmonarchie, die sich als Kaisertum in republikanischen Formen verstellte.“ [Seewald 2016]

35,11 Cäsar schrieb die zwei Bücher *„de analogia“,* ein grammatikalisches Werk zur lateinischen Sprache, während einer Alpenüberquerung. Er widmete es Cicero; von dem Text haben sich nur Fragmente erhalten.

36,5 Zum Rückbezug auf das erste Kapitel von *„Hellas und Rom“,* d.h. *‚Griechenland‘:*
„Varro betont mit Stolz, daß die Römer ihre Götter ursprünglich *sine simulacro* verehrt hätten, ihr Gottesdienst sei ein reinerer gewesen; die den Bilderdienst einführten, hätten dem Volk die Gottesfurcht genommen und dafür eine Irrlehre geschenkt. Aber in diese Auffassung Varros (er starb 27 vor Christus) spiegelt sich bereits der Geist der großen Zeitwende; die Urrömer waren noch nicht einmal zum *Bild* gelangt“ [KG 168].

36,8 Im scheinbaren Widerspruch ist zuvor vom sibyllinischen Orakel die Rede. Der Ausdruck wird heute für eine spätantike, lateinische Spruchsammlung verwendet, die aber seitdem immer wieder herangezogen worden ist. Unabhängig von ihr stehen die sibyllinischen Bücher. Auch bei ihnen handelt es sich um keine raunende Stimme in einem Tempel oder unter einer Eiche, sondern um eine altrömische Spruchsammlung aus der Zeit um 600 v. Chr. in griechischen Hexametern, die immer wieder zu Rate gezogen worden ist. Als sie 83 v. Chr. beim Brand des Jupiter-Tempels auf dem Kapitol zugrunde gingen, wurden sie durch ähnliche Spruchsammlungen ersetzt. Durch diese Bücher wurden die Kulte von Magna Mater Kybele, von Apollo und von Ceres in Rom heimisch.

36,6 Merkwürdigerweise wurde der Mithras-Kult ganz ohne Kampf vom Christentum im 4. Jahrhundert rückstandslos aufgesogen.

36,10 Idolatrie heißt ebenso wie Idololatrie „Götzendienst".

37,6 Bd 1:198/99 (Petrarca) = in der einbändigen ‚Neuzeit' S. 201 f.

37,7 Das Nietzsche-Wort steht in „*Götzen-Dämmerung*", im ersten Abschnitt des Kapitels „Was ich den Alten verdanke". Gleich daneben ein schönes Bekenntnis:
„Mein Sinn für Stil für das Epigramm als Stil erwachte fast augenblicklich bei der Berührung mit Sallust."

38,3 Bd 2:373-375 = S. 788-790 in der einbändigen 'Neuzeit'
Bd 1:203/4 (gravità riposata) = S. 207 f.
Bd 2:105 (le grand facile) = S. 517
Bd 2, 498/99 = S. 915 f.

38,5 Nach dem Klassizismus-Einschub geht es auf Blatt 56 mit Nr. 9 weiter.

38,9 Chrestomathie: zum Sprachenlernen nützlicher Text; Florilegie: Blütenlese aus einem größeren Werk; Doxographie: die Darstellung der Lehrmeinung eines Philosophen.

38,14 Der Satz mit Toleranz, Verbannung und Vorschubdiensten ließ sich nicht befriedigend ergänzen.

39,3 Cytheris war der Künstlername einer wohl griechischen Freigelassenen, mit bürgerlichem Namen Volumnia. Sie hatte Verehrer und Geliebte in den besten Kreisen, darunter Marcus Antonius und Brutus. Sie trat auch bei Gelegenheiten auf, die keine Kurtisanen duldeten.

39,7 Nur ein Beispiel: In Rom gab es an der Stelle, an der die Traianssäule mit ihren rund 40 m Höhe steht, vorher einen ebenso hohen Hügel, der für Traians Forum abgetragen und planiert worden ist.

39,8 Vasa murrina: Heute wird von Millefiori-Glas aus Murano gesprochen, doch bis zu den Hunneneinfällen existierte in der Lagune weder Venedig noch Murano. Für eine vasa murrina wurden farbige Glasstäbchen gebündelt, dann kleine Scheiben abgeschnitten, in einer Form nebeneinandergelegt und verschmolzen. So entstanden bevorzugt Teller, Schüsseln und Schälchen.

39,16 Innerhalb dieses Gliederungspunktes ist die gewollte Abfolge nicht erkennbar.

Morceau de résistance: ein Stück der festen, schweren Speise, sprich der Hauptgang.

39,20 Von Friedell gewollter Rücksprung zu Abschnitt 34 nach Cäsars Tod.

39,13 Theodor Mommsen: „Römische Geschichte, Band 8 · Länder und Leute von Caesar bis Diocletian", S. 35 (Buchseite 89).

39,14:6 Das Fragezeichen bei Capri stammt von Friedell (Buchseite 90).

39,15 Die abschließende Ergänzung stammt von Friedell selbst, aus einer jedoch nicht mehr verifizierbaren Quelle. Eine Variante hat er kurz vor Kriegsausbruch 1914 ans Ende seiner Betrachtungen über Euripides gestellt:

„So kam es zu jenem grandiosen Schauspiel eines allgemeinen Weltekels, der die gesamte Kulturmenschheit wie eine Krankheit beherrschte, bis ein sonderbarer Mensch kam, der von der Philosophie mehr verstand als Plato und vom Erobern mehr als Alexander, und eine neue Welt entdeckte."

Es ist das Ende des Aufsatzes „Das Weltbild des Euripides", der am 7. und 14. Februar 1914 in der Münchner Zeitschrift „*März*" erschienen ist [Nachdruck Friedell 1982, 160-179]. Friedell hatte die Angewohnheit, einmal prägnant Formuliertes immer wieder in neue Zusammenhänge zu stellen. So musste er die Schlusssätze seiner ‚Kulturgeschichte des Altertums' nicht mehr explizit ausschreiben, weil sie ihm seit über 20 Jahren präsent waren.

# Editorische Ergänzung

Das Original ist auf oblong karierten, mit Bleistift beschriebenen, nicht heutigen DIN-Normen entsprechenden Blätter in der Größe 29 x 23 cm (DIN A4 misst 29,5 x 21 cm) geschrieben. Wir treffen auf einen ‚Gliederungskönner', der seine Arbeit pedantisch durchzählte. Es handelt sich um 40 Blätter, auf denen die Seiten von 2 bis 59 durchnummeriert sind, ein Deckblatt als Nr. 1 fehlt. Auf jeder Seite sind die Absätze mit Farbstift durchgezählt: 1 bis 5 in Rot, 6 bis 10 in Grün, 11 bis 15 in Blau, 16 bis 20 in Lila. Wenn auf einer Seite (Nr. 47) die Zählung bis 21 geht, dann schreibt Friedell diese letzte Zahl mit normalem Bleistift.

Lässt man die anders strukturierte erste Seite mit der Einleitung in nur zwei Punkten weg, dann schwankt die Zahl an Gliederungspunkten je Seite zwischen 6 und 21, in 30 Fällen beträgt sie mehr als 10. Die Gliederungspunkte können die gesamte Seite füllen, überschreiten sie aber nicht; das ergibt bereits 507 Punkte. Weiter sind etliche Rückseiten beschriftet. In diesen 19 Fällen finden wir bereits fertige Formulierungen, die man auch daran erkennen kann, dass es hier – mit der einzigen Ausnahme auf S. 29 – keine Zitationsangaben mehr gibt. Sie enthalten allerdings weitere Auflistungen von 1 bis zu 8. So ergeben sich insgesamt 556 Gliederungspunkte. Damit haben wir nicht nur Friedells Arbeitsraster vor uns, sondern zu einem Teil bereits die (vorläufige) Endfassung. Diese Gliederung wäre beim endgültigen Druck entfallen, doch wegen der tödlichen Nazi-Intervention blieb uns das Arbeitsgerüst erhalten.

Friedell schrieb mit Bleistift in Kurrentschrift mit sehr kleinen Buchstaben, häufig abgekürzt, ein Textbild, das sich Robert Walsers Mikrogrammen nähert. Das machte die Transkription zu einer mühseligen und langwierigen Angelegenheit. Die sog. Sütterlin-Schrift als Normierung der Kurrent wurde erst 1911 an den deutschen Schulen eingeführt. Trotzdem ähnelt Friedells aufrechter Duktus eher der Sütterlin. Die Winzigkeit der Schrift wurde durch eine präzise, praktisch fehlerfreie Rechtschreibung kompensiert. Leider sind in beiden Schrifttypen häufige Buchstaben wie e, n oder r, dann l und t, s und f, z und p leicht zu verwechseln, was ein regelrechtes Entziffern verlangt.

Nun zur Druckwiedergabe: In der Kopfzeile stehen links jeweils Abschnittsnummer und Titel, rechts klein die Seitenzahl des Manuskriptes. Im Weiteren wurde nach dem Vorbild des ersten Bandes des ‚Altertums' verfahren.

Friedells wenige Unterstreichungen im Manuskript sind hier kursiv gesetzt. Nicht wiederholt werden die Unterstreichungen, mit denen er alle seine Quellenangaben gekennzeichnet hat. Sie werden im Druck mit reduzierter Schriftgröße angezeigt; hat er die Quelle wegen ihrer Bedeutung rot unterstrichen, ist sie auch im Druck unterstrichen.

Abkürzungen werden ausgeschrieben, da für flüchtige Leser schwer aufzulösen. Der Autor reduziert z.B. ein Wort, das im Text gerade vorkam, beim nächsten Mal einfach auf den Anfangsbuchstaben, so dass Verwechslungen möglich sind.

Friedell hat alle Ziffern und Zahlen in Zahlform geschrieben, also zum Beispiel auch „½ Jhdt." Dem wurde nur gelegentlich gefolgt, etwa bei Zahlen über zwölf.

Die Rechtschreibung war durchaus ein Problem. Friedells Kulturgeschichten werden bis heute nach alter Rechtschreibung aus der Zeit vor 1996 gedruckt, das gilt sogar für die schöne Ausgabe von Diogenes, 2011 in Zürich, die weder die neue deutsche Regelung noch die Schweizer Regelung ohne „ß" beachtet und auch sonst die alte Schreibung wie die alten Druckfehler beibehält. Insofern hat sich der Herausgeber entschlossen, bei dieser Friedell am engsten verbundenen Druckweise zu bleiben.

Das gilt auch für die Orthografie (was für eine Reform, bei der ph entfallen darf, th aber nicht!). In der Handschrift stehen einige veraltete Schreibweisen wie zum Beispiel Plaidoyer, Thon, Senfte und Schinke für Schinken. Sie lassen sich ergänzen mit Brod und gleichgiltig, auch durch breitkrämpig und gescheidt. Derartige Schreibformen hat zu seinen Lebzeiten bereits die abtippende Sekretärin, auf jeden Fall Redakteur oder Lektor aktualisiert. Hier wurde ebenso verfahren, auch bei Satzanfängen und -enden, denn häufig beginnt Friedell das erste Wort eines Satzes mit einem kleinen Buchstaben, wie auch am Ende häufig der Punkt fehlt. (Wir sind bei der klassischen Stilblüte: „Es beginnt schon damit, daß am Ende der Punkt fehlt" [Waas].) Solche Schreibersparnisse wurden stillschweigend nachgetragen, ebenso Kommata, die fehlen oder in nur wenigen Fällen am falschen Ort stehen.

Friedell legte Wert auf griechische Wörter in originaler Schreibweise. Die norwegische Ausgabe brachte nur die Umschrift in lateinischen Buchstaben, die dem heutigen Leser entgegenkommt. Die Nachkriegsausgaben brachten und bringen wieder Wörter in griechischer Schrift. Da sie heute kaum noch gelesen, geschweige denn geschätzt wird, sind hier alle fremdsprachlichen Ausdrücke in lateinischer Schrift wiederholt und gegebenenfalls auch übersetzt. Hierfür gilt mein großer Dank Claus Carstens, der hier wie auch sonst korrigiert hat.

Bei Buchtiteln verfuhr Friedell inkonsequent: Ilias und Odyssee sind im Text nicht hervorgehoben; weniger bekannte Titel brachte er in ‚Gänsefüßchen'. In gleicher Weise verfuhr der Herausgeber.

Während philosophische und religiöse Themen bereits ausformuliert sind, begnügte sich der Autor bei den Geschichts-, also meist Kriegsereignissen z.B. mit dem Namen eines Schlachtortes wie Cannä oder Zama. Um hier dem heutigen Leser ein Grundverständnis für den Fortgang des Textes zu schaffen, wurden vom Herausgeber einzelne Wörter und knappe Sätze in Friedells Text eingefügt. Zur Kenntlichmachung heben sie sich von der grundsätzlich verwendeten Schriftart „Times New Roman" in 11-Punkt durch die serifenlose „Calibri" in 10-Punkt ab. Das gilt genauso für Satzergänzungen, wenn Friedell sich zwangsläufig ergebende Satzteile, etwas ein letztes Verb einfach wegließ.

In drei, vier Fällen steht in der Vorlage ein falsches Wort, das hier durchgestrichen wiedergegeben wird. In einigen wenigen Fällen notwendige Einfügungen in eckigen Klammern stammen vom Herausgeber.

# Fotografien

Egon Friedell; Foto publiziert am 7. 1. 1938, also zwei Wochen vor seinem 60. Geburtstag am 21. 1. und gut zwei Monate vor seinem Tod am 16. 3. 1938 [Foto von Otto Skall; wikiquote]

Friedell mit Büchern und Zwetschgenwasser [thurnhofer.cc]
Friedell in seiner Sitzecke, hinter ihm ein Plakat mit der Aufschrift: „Selbst die Aufforderung, noch zu bleiben, darf man nicht immer ernst nehmen. AUCH SIE sind keine Ausnahme!“

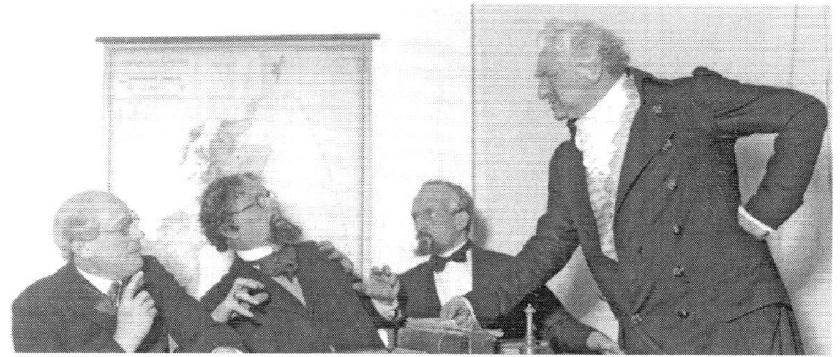

Friedell bei seinem letzten Auftritt, 1938, als „Goethe“ in dem Sketch „Goethe im Examen“ geschrieben von ihm und Alfred Polgar 30 Jahre früher [wienerzeitung.at]
Ebenso späte Aufnahme als „Goethe“ [diepresse.com]

Die ‚Neuzeit' als einzige Kulturgeschichte unter Verleger Heinrich Beck [C.H.Beck, 18]. Hier eine Nachkriegsausgabe (23. bis 27 Auflage) mit Friedells Profil nach einer Büste von Mario Petrucci, 1932.
Heinrich Beck (1889–1973) musste das ‚Altertum' nach 1933 an den Helikon Verlag in Zürich weitergeben, druckte es aber nach dem Krieg.
Teil einer Manuskriptseite S. 19 fast in Originalgröße →
Die kürzeste Seite (S. 15, Nr. 9, Polybius), verkleinert →→

19

14 Brod u. Wasser können die größte Lust gewähren, da sie natürl

12 Abwesenheit des Schmerzes u. der Furcht Kauf 101/2

13 keine Vermittlungen Kauf 104. Das Aussehen der Atomvorst

2 [illegible] schwebt in die Sprache d. tägl. Lebens: ausgebeutet, ausgezeichnet, [illegible]

3 Briefform Chapp 54. Leibniz

materielle Götter Dräscher 442, sogar griech. sprechen sie

8 u. hassen das Geheul der Götter zu nah treten, wenn man glaubte, daß

menschl. wollten. Daher: die Götter sind ja unsere Brüder! An der Kultur ai

Frühling u. Gewitter, Waldeinsamkeit u. Großstadt, Liebesträume u. [illegible]

17 Lieben, 99 – 55 Lukr. 386. „Von den letzten Dingen". Rücks. A

od. auch „die Physik"

1 Epikur, 341 – 270, seit 306 in Athen Dräscher 431

5 Logik = Kanonik z. prakt. Zweck Dräscher 436

6 es gibt nur den leeren Raum u. die Materie, die aus Atomen

7 materielle Seele Dräscher 442/43

11-15

0 Lüstlingen Dräscher 444/48 (am Schl. Charakteristik: Dräscher: die viel g

ständigkeit u. Tiefe der Forschg., aber an Klarheit u. Geschlossenheit der Sy

e, in der kleinmeisterlichen Enge eines banalen Nachphilosophen [illegible]

4 [illegible]

15

9 Polybios, um 205 bis 120

3 Tendenz u. Anlage d. Werks fehlt 123

4⁵ Art f. Historiographie fehlt 123/24 ]

5 der Vater der [illegible] fehlt 124

7 ist P. Pragmatiker? Lücke 516. nein: denn er ist Analytiker; ja: denn er ist lehrhaft

6 geg. Thukydides gehalten ist P. ein Dilettant, in einem höh. Sinne, als er ein wissensch. Spezialwerk gibt. Der D. ist auf allen Gebieten der Mensch, der ganzer geblieben ist, nicht aber, weil er sein Ich nicht auslöscht, wie Ranke u. Flaubert (keine Dilettanten) inbrünstig u. vergeblich forderten, sondern dessen Ich nicht Gestalt geworden ist. P. ist ohne Schwung u. Anmut, weil er als Mensch kleinlich u. aufdringlich Im Grunde verargt dieser Künstler. Gestalt (wie immer) in einem moral.

1 Reisen in die behandelten Länder; archivalische Studien; diplomat. u. militär. Erfahrungen

2 nur ein Drittel erhalten

## Das spezielle Schicksal dieses Buchs

Habent sua fata libelli.

Das lateinische Sprichwort ist lange vor Egon Friedell formuliert worden. Aber es trifft auch bei ihm ins Schwarze. Zunächst hatte er selbst nicht an dieses Buch gedacht. Nach dem großen Erfolg der ,Neuzeit' wälzte der 53-Jährige verschiedene Pläne: für ein Konversationslexikon, für einen Alexanderroman, vor allem für eine Geschichte der Philosophie. Heinrich Beck als sein Münchner Verleger war da realistischer, hing vielleicht dem englischen Grundsatz an: „Never change a winning team." Warum etwas ganz anderes versuchen, wenn das Thema ,Kulturgeschichte' noch längst nicht ausgeschöpft war? So leitete er Friedell sanft hin zu einer *,Kulturgeschichte des Altertums'*, hier kurz *,Altertum'*. Denn das Mittelalter war seinem Autor kein Stoff für eine Geschichtsdarstellung.

> „Das Mittelalter hat keine Geschichte, keine Geschichte im engeren Sinn. Es war deshalb auch glücklich und durchaus keine finstere Epoche. Lesen Sie darüber nach bei Friedells Kulturgeschichte der Neuzeit', 1. Band." [Friedell 1936a].

Das zitierte Buch widerlegt allerdings seinen Autor, hat er doch auf 90 Seiten einen scharfen Blick auf „Die Seele des Mittelalters" geworfen [KdN 83-172], zugleich aber bemerkt, diese Zeit sei ein „gottgewolltes Mysterium", keine „menschengeschaffene Rationalität" wie die anschließende Neuzeit [KdN 94].

Deshalb hat er über eine Geschichtsdarstellung des Mittelalters nie nachgedacht, sehr wohl aber über das Altertum. Es folgten nach seiner Rechnung sechs Jahre Arbeit für den ersten Band des *,Altertums'* [Friedell 1936a], um zunächst von der Schöpfung an die Erdzeitalter in Kürzestform zu absolvieren. Da geht es um die „Welt in Eidechsenbesetzung" [KdA 51] – gemeint ist keine alberne Verschwörungstheorie, sondern die Jura- und Kreidezeit mit ihren Sauriern. Von da geht es im rasanten Galopp durch Alt- und Jungsteinzeit, nicht ohne auch Atlantis einen Blick zu gönnen und nebenbei die Entwicklung zum Homo Sapiens auf den Kopf zu stellen. So wird das alte Ägypten erreicht, das er an den Beginn der Hochkultur stellt, um anschließend Mesopotamien, das Heilige Land und das minoische Kreta seinen Lesern zu präsentieren. Für den zweiten Band rechnete er mit weiteren vier Jahren [Friedell 1936a]. Demnach wäre er 1940 herausgekommen, wenn nicht …

Bei einem ausgeklammerten Mittelalter konnte es keine direkte zeitliche Verbindung zwischen Altertum und Neuzeit geben, auch wenn er diese bereits 1355, im Jahr der Schwarzen Pest ‚gezeugt' sah. Zeugung während oder dank einer Katastrophe, die Europa zu einem beträchtlichen Teil entvölkert, aber zugleich das Auftreten der Vernunft, der Ratio im gedeihlichen wie gefährlichen Wechselspiel mit den kirchlichen Glaubensgrundsätzen bedeutet – das war sein Verständnis von der Neuzeit. Das Hervortreten der Vernunft verfolgt er bis zu seiner ultimativen Krisis, die er mit dem Ersten Weltkrieg erreicht sieht. Danach sieht er ein anderes Zeitalter heraufkommen, über das er gelegentlich räsoniert, aber wenig mitteilt.

Dank dieser Betrachtungsweise konnte er sich nicht erst ab dem 15., sondern bereits ab dem 14. Jahrhundert mit der damaligen Geschichte befassen. Dafür rückte er das Ende des Altertums drastisch in die Vergangenheit, ließ er doch keine Spätantike gelten, sondern setzte als Zeitgrenze im Untertitel fest: *„Leben und Legende der vorchristlichen Seele"*. Ausgerechnet „Seele", dieser scheinbar rationale Begriff für etwas, dem oft genug die Existenz abgesprochen worden ist. Aber Friedell geht es nicht um die unsterbliche Seele von Individuen, sondern um einen zentralen Blickpunkt. Es gibt natürlich auch eine kosmische Weltgeschichte, aber „sie hat keinen zentralen Blickpunkt, also keine Seele" [KdA 68]. Ihm schwebt der Versuch vor, „einen *Organismus* abzubilden, das heißt: eine Symbiose sich gegenseitig bedingender, ineinandergreifender lebendiger Kräfte" [KdA 68]. Weil die Welt der außereuropäischen Völker erst seit ‚gestern' ein Glied unserer Geschichte ist, kann sie für unsere Vergangenheit keine historische Realität sein. „Griechenland ist ein Stück unserer Seele, China ist ein Reiseziel“ [KdA 69].

Damit müsste sein ‚*Altertum*‘ bis zum niemals existenten Jahr Null, besser bis zur Geburt Jesu Christi unter Kaiser Augustus oder bis zur Kreuzigung zu Zeiten des Tiberius reichen. Doch das war bislang nur Spekulation.

Der erste, seit 1936 vorliegende Band des ‚*Altertums*‘ führt bis zu den nachminoischen dunklen Jahrhunderten Griechenlands, aus denen das uns scheinbar vertraute archaische Griechenland erwächst. Das sollte dann im zweiten Band „*Hellas und Rom*“ seine Darstellung finden. Sein erstes Kapitel betitelte er „Ionischer Frühling“, gefolgt von „Der Welttag Athens“ und „Der Schatten der Antike“, doch da durchkreuzten dunkle Mächte seine Planungen.

Wie steht es nun, nein nicht mit der Seele, sondern mit dem Schicksal von Friedells gesamten Kulturgeschichten? Die Geburt setzte 1924 ein, um sich bis 1938, bis fast zum letzten Lebenstag hinzuziehen. Doch ihre Zeugung? Der 1878 Geborene hat sich bis 1899 gequält, um erst im vierten Anlauf doch noch Matura bzw. Abitur zu erreichen. Bis dahin kann es bei ihm nicht ‚gezündet‘ haben. Passierte es im Jahr 1904? Da besuchte der bildungsbeflissene Jüngling Ägypten, um auf dem Rückweg noch Italien zu visitieren. Bei näherem Hinsehen fühlte er sich in Sachen Kultur schlecht bedient, so dass ihm italienische Weinproben noch am besten in Erinnerung waren. Eine Initialzündung sähe anders aus. So lässt sich konstatieren, dass der junge Mann nicht über Reiseeindrücke, sondern ausschließlich über Literatur und Philosophie zur Kultur fand.

Davon zeugen seine Dissertation über Novalis [1904] und seine Auswahlbände für Emerson [1906], Hebbel [1909], Lichtenberg [1910], Carlyle und Andersen [beide 1914]. Bereits 1908 wurde er allmählich Kulturkritiker. Da setzte er H.G. Wells’ 1895 erschienene „*Time Maschine*“ mit „*Die Rückkehr der Zeitmaschine*“ fort und gönnte sich einige kulturkritische Tupfer, ließ aber das Manuskript mindestens 25 Jahre ruhen. Es ist erst posthum, 1946, erschienen. In diesem Jahr 1908 begann er auch mit einer Kulturgeschichte des Fin de siècle und danach: „*Ecce*

*Poeta"*. Natürlich will dieses Buch vom Titel her das Porträt eines Dichters, seines verehrten Peter Altenberg sein, aber eben nur auch und noch nicht einmal zum größeren Teil. Vielmehr schildert er die Zeit rings um die Jahrhundertwende und wagt einige prophetische Blicke in die Zukunft. Damals ist der Kulturhistoriker in ihm erwacht. Doch noch blieb diese Fähigkeit ephemer, zumal sein Verleger Samuel Fischer kein Interesse an diesem von ihm in Auftrag gegebenen, aber so nicht gewollten Misch-Werk zeigte.

In Friedells Zeitungs- und Zeitschriftenartikeln ist ab 1904 ein mählicher Übergang von Kabaretttexten hin zu Theaterkritiken und anderen Themen rings ums Theater zu bemerken. Zeitgleich mit *„Ecce Poeta"* erweitert sich sein schriftstellerisches Terrain deutlich. Von 1909 bis 1914 sinniert er über „Shaw als Erzieher" und „Das Zeitalter Shakespeares", beide noch ans Theater gebunden; dann folgen „Der Impressionismus" und „Der Geist Frankreichs"; „Der junge Nietzsche", „Philosophie und Naturwissenschaften", Idealismus" und schließlich, ganz aus der Reihe, „Das Weltbild des Euripides", noch vor Kriegsbeginn.

Dieses scheinbar ansatzlos behandelte Thema steht 1914 ganz allein und wird auch weder 1924 noch 1934 für ihn relevant, sollte aber die Schlussworte für das *‚Altertum'* liefern. Hier wird deutlich, dass er sich, immer noch als Theaterrezensent, weit über die Logenbrüstung hinauslehnt und sich Themen aus der ganzen Kulturgeschichte sucht und zutraut.

Der Weltkrieg stoppte diese Entwicklung für lange Jahre, schrieb er doch nach einigen Verirrungen zum ‚Krieg der Kulturen' zwei christliche Werke *(„Die Judastragödie"; „Der historische Jesus Christus")* und musste sein Geld mit Theaterspielen und -kritiken verdienen.

1924 gab es für Friedell die einschneidende Veränderung. Zusammen mit Alfred Polgar verfasste er eine harte Persiflage der *„Stunde"*, einer Art Revolverblatt, gleichwohl mit Kulturteil, für den Friedell bis dahin schrieb. Das Pamphlet in Gestalt einer Faschingszeitung erschien am 27. 1. 1924. Es folgten am 29. 1. und 2. 2. zwei letzte Theaterkritiken, dann kündigte ihm der Besitzer Imre Békessy.

Zu diesem Zeitpunkt wusste Friedell bereits, dass sein Freund, der ,Theatrarch' Max Reinhardt demnächst ein frisch renoviertes Theater in Wien bespielen und ihn ab dem 1. April unter die *„Schauspieler des Theaters in der Josefstadt unter der Führung von Max Reinhardt"* einreihen würde. Denn bereits 1923 hatte er sich den Zutritt erkämpft. Damals wollte der Theatervisionär die Salzburger Festspiele aus der Taufe heben, hatte aber dort noch kein Theater. Deshalb nutzte er sein eigenes Schloss Leopoldskron vor den Toren Salzburgs als Bühne für Molières *„Eingebildeten Kranken"*. Max Pallenberg hatte die Titelrolle sicher, aber da gab es noch den Leibarzt Dr. Diafoirus, den ausgefallene Begriffe der Wissenschaft mehr bewegten als die Leiden seiner Patienten. Als Reinhardt sich im Schlossgarten erging, tauchte aus einem der Wasserbassins ein wassertriefender Friedell auf und forderte in französischen Alexandrinern die Rolle – und bekam sie anstelle von Hans Thimig! So sicherte er sich zugleich die Ensemblemitgliedschaft in Wien.

Seine ersten Auftritte in der Josefstadt erfolgten am 16. 4. 1924 in Hofmannsthal *„Schwierigem"* und ab 2.5. in Goldonis *„Diener zweier Herren"*, hier erneut als „Dottore". Der Titel war gerade damals Friedell auf den Leib geschneidert, diente er doch jetzt dem Theater *und* der Kulturgeschichte. Am 13. 4. erschien im *„Neuen Wiener Journal"* der Artikel „Die erkrankte Menschheit" – der erste, nicht als solcher ausgewiesene Vorabdruck aus der zukünftigen *,Neuzeit'*. Der einstige Miethausbesitzer, der schon im Weltkrieg Mühe hatte, sich finanziell über Wasser zu halten – umso mehr während der Hyperinflation bis Ende 1924, bekam jetzt Schauspielergagen, vielleicht Vorschüsse zum Buch und Einkünfte aus Vorabdrucken in Zeitungen.

Wir springen bis zum Erscheinen des dritten Bandes der *,Neuzeit'*, 1931. Damals war Friedell auf der Höhe seines Schaffens, denn am 15. Juni gab es im Berliner Theater am Kurfürstendamm eine umjubelte Premiere: Jacques Offenbachs *„Schöne Helena"*. Reinhardt führte Regie, Erich Wolfgang Korngold dirigierte, und Friedell hatte zusammen mit seinem Freund Hans Sassmann das Libretto überarbeitet und aktualisiert. Auf der Bühne agierten – die älteren kennen sie noch – Hans Moser als

Menelaus, Hubert von Meyerinck und Theo Lingen als Ajax Eins und Ajax Zwei, Jarmila Novotna als Helena und La Jana als Venus. Friedell hatte für sich eine eigene Rolle kreiert: Merkur, den „Gott der Kaufleute und der anderen Diebe". Das Stück lief en suite 144 Mal – und in der Garderobe korrigierte Friedell zusammen mit Lingen die Druckfahnen des dritten Bandes der ‚*Neuzeit*', der im Herbst desselben Jahres erschien.

Nach dieser Peripetie konnte neben Schauspieler Gustav Waldau auch Friedell ein Sommerhaus in Kufstein beziehen, Schriftstellerfreund Hans Sassmann gab sich damals noch mit einer Aussichtsbank zufrieden. Noch war die Idee fürs ‚*Altertum*' nicht geboren, doch Verleger Beck überzeugte den künftigen Autor. Beck dachte sicher auch daran, dass sein Sensationstitel – „*Der Untergang des Abendlands*" von Oswald Spengler – 1918/22 in zwei Bänden erschienen war.

Nun fand auch Friedell Gefallen an einer weit ausgreifenden Kulturgeschichte. Bei ihr sollte es um ein vorwiegend belehrendes Werk gehen, wie der Autor dem Buch gleich als Vorspann mitgab:

> „Diese ‚Kulturgeschichte des Altertums' steht zu meiner dreibändigen ‚Kulturgeschichte der Neuzeit' in keiner unmittelbaren Beziehung: sie setzt deren Lektüre nirgends voraus, auch nicht an den seltenen Stellen, wo sie sich auf sie beruft; sie will aber auch nicht umgekehrt eine Art nachträgliche Einleitung zu ihr bilden; und sie stellt nicht einmal ein ‚Parallelwerk' dar, denn sie ist nach einer anderen Methode angelegt und ausgeführt. Man kann daher ebensogut dieses Werk vor jenem lesen wie jenes vor diesem, aber auch nur dieses oder nur jenes und sogar beide nebeneinander; und man kann auch keines von beiden lesen" [KdA IX].

Hinter dieser launigen Zueignung stand die Erkenntnis, dass sich das Altertum uns prinzipiell anders präsentiert als die späteren Zeiten. Die früheren trugen „Märchencharakter", ihre Gestalten wurden „immer gesteigert, überdimensional, heroisch" gesehen. „Hier einmalige Tonfälle und Gesichter herauszulesen, hätte man für blasphemisch gehalten" [KdA 75]. Und auch die Völker „haben sich viel isolierter entwickelt als die modernen".

> „Man hat den Eindruck, daß eines Tages die Aegypter plötzlich ausgestorben seien. Jetzt gibt es bis auf Alexander nichts als Griechen; mit dessen Tode aber tauchen sie unter: perlappe! und, perlippe, steigen die Römer aus der Versenkung“ [KdA 76].

Ein Bild wie aus dem Kasperletheater, das wir auch heute noch nicht überwunden haben. Darum legte Friedell das Buch grundsätzlich anders an als die *‚Neuzeit‘*. Währenddessen sah Heinrich Beck besorgt in die Zukunft. Es zogen immer dunklere Wolken auf. Ein Buch von einem österreichischen Juden? Bereits im Mai 1933 blockierten die Nazis die Grenze zur ‚Ostmark‘, indem sie bei jedem Grenzübertritt 1.000 Reichsmark einforderten. Das machte jede Kurzreise unmöglich und zermürbte ein tourismusgeschädigtes Österreich. Verleger Beck und Autor Friedell mussten sich im Garten des Bahnhofsvorstehers von Kufstein treffen, um quasi auf exterritorialem Gebiet noch Tantiemen übergeben und entgegennehmen zu können. Am 6. August 1934 teilte Friedell seinem Freund Sassmann mit, was ihm zuvor sein Verleger geschrieben hatte:

> „Ich habe ihr Manuskript mit großem Genuß gelesen und der Grund, weshalb ich nicht schrieb, lag lediglich in der allgemeinen Bedrückung, die ich empfinde, wenn ich an das Schicksal Ihres Buches denke. Augenblicklich läßt sich gar nicht recht vorstellen, wie und unter welchen Umständen Ihr Buch ans Licht der Welt treten kann.“ [Kotab-Archiv]

Der Beck Verlag verdiente gut mit seinen juristischen Fachbüchern, blieb auch im Dritten Reich ein maßgeblicher Verlag. Da galt es Rücksichten zu nehmen. Die Hintergründe haben die heutigen Verleger aufhellen lassen [Rebenich 2013; Wesel 2013]. Im Falle seines jüdischen, damals noch nicht verbotenen Autors entschloss sich Beck, die bereits erworbenen Rechte an den Phaidon Verlag in Wien zu verkaufen, um die Publikation zu ermöglichen. Der übertrug sie an eine Tochtergesellschaft, den Helikon-Verlag in Zürich, vielleicht um noch eine Chance auf dem deutschen Markt zu haben. Dort erschien dann 1936 der erste Teil des *‚Altertums‘: „Ägypten und Vorderasien“*.

Und der zweite Band? Er sollte ein Torso bleiben. Zwei Kapitel konnte Friedell abschließen: „Ionischer Frühling“ und „Der Welttag Athens“. Doch der Bogen war noch nicht ausgeschritten. Das Auftreten der christlichen Seele konnte erst unter den römischen Kaisern Augustus und Tiberius erfolgt sein. Es fehlte also noch der ganze Hellenismus und der Aufstieg Roms; nur die Anfänge Roms waren bereits im ersten Kapitel absolviert. Wir halten fest: Das Manuskript der ersten beiden Kapitel war als Typoskript im Februar 1938 fertig, lag aber noch bei Friedell.

In der Nacht vom 11. auf den 12. März überschritten deutsche Truppenverbände die Grenze nach Österreich, bereits am 11. März wurde Arthur Seiß-Inquart als Bundeskanzler installiert, am 12. März traf Adolf Hitler in Linz ein, am 13. März wurde Seiß-Inquart obendrein zum Bundespräsidenten ernannt und durch ihn der Anschluss vollzogen. Er hatte sich damit selbst zum Reichsstatthalter – für letzte sechs Wochen – degradiert. Den Anschluss verkündete Hitler am 15. März in Wien auf dem Heldenplatz, vom Balkon der Neuen Burg, eigentlich von der Nationalbibliothek aus, vor einer gewaltigen Menschenmenge.

Friedell hatte für sich die Entscheidung getroffen, nicht zu flüchten, sondern das Leid seiner jüdischen Mitbürger zu teilen. Er bereitete sein Ende vor, verbrannte seine Korrespondenz und übergab das Typoskript der ‚*Kulturgeschichte Griechenlands*‘ seinem Freund und gewissermaßen seinem Privatsekretär Walther Schneider (1897–1970), der es dem Phaidon Verlag, möglichst in der Schweiz zuleiten sollte. Als Zwischenträger fungierte ein ehemaliger Reinhardt-Vertrauter, Erwin Goldarbeiter (1896–1981), verheiratet mit der Schauspielerin Dagny Servaes. Als Nazi-Schergen bei ihm läuteten, stürzte sich Friedell am Abend des 16. März aus einem Fenster seiner Wiener Wohnung im 3. Stock. Das gerettete ‚*Griechenland*‘-Manuskript gelangte zum Phaidon Verlag nach Oxford oder London. Niels J. Mürer, der bereits die ‚*Neuzeit*‘ übersetzt hatte, fertigte eine Übersetzung ins Norwegische an, die 1940 erscheinen konnte.

Sie hätte nicht den Wünschen Friedells entsprochen, weil sie auf 20 Seiten Fotografien von Landschaften und Kunstwerken brachte und auf die in Griechisch geschriebenen Worte verzichtete, sie stattdessen in lateinische Schrift transkribierte. Doch war die Entscheidung sicher unter dem Aspekt richtig, dass so die Darstellung publikumswirksamer geworden ist. Ein zwei Seiten langes Vorwort von einem Emil Smith leitete den Buchtext ein, dem noch etliche Abschnitte fehlten. Die Lücken sind schwer auszumachen, da die norwegische Ausgabe nur eine Texttrennung zwischen den beiden Hauptkapiteln bringt und ansonsten in jeder Kopfzeile eine andere, meist nicht von Friedell stammende ‚Überschrift' bringt.

Ob diese Erstausgabe noch vor dem 9. April 1940 publiziert wurde, vor dem Eindringen deutscher Wehrmacht in Norwegen, ist nicht bekannt. Auf jeden Fall erschien in Oslo *„Oldtidens Kulturhistorie · Den Førkristne Sjels liv og Legende · Hellas"*. Wie lange das Buch unter dem zum Synonym für Kollaborateur gewordenen Vidkun Quisling verkauft werden konnte, ist nicht bekannt. In den 1980er Jahren bot dem Herausgeber ein Antiquar ein ungelesenes, unbeschädigtes Exemplar als Teil eines größeren Restpostens an; das wies zumindest darauf hin, dass die Auflage nicht abverkauft worden war.

Nach dem Krieg gab es einen unerquicklichen Rechtsstreit zwischen Phaidon Verlag und C.H. Beck'scher Verlagsbuchhandlung. Schicksalsbedingt war der eigentliche Übergabevertrag für die Rechte unmittelbar vor Ausbruch des zweiten Weltkriegs (1. September) abgeschlossen worden, sollte aber bei Kriegshandlungen hinfällig sein.

In Deutschland sind Friedells Bücher bei den Bücherverbrennungen des Jahres 1933 nicht „der Flamme übergeben", doch zum Jahreswechsel 1937/38 verboten worden. So blieb der norwegische ‚Exil-Druck' die einzige Publikation während des Zweiten Weltkriegs. Danach gab es kräftige Bemühungen, ‚den' Friedell wieder aufzulegen, zirkulierte doch damals eine erstaunliche Bemerkung: „Friede wird sein, wenn es den Friedell wieder gibt."

Nach Kriegsende erschien 1946 als erstes seine *„Phantastische Novelle · Die Reise mit der Zeitmaschine"*, bereits 1908 geschrieben, aber dann weggelegt und lange vergessen. Geldnot zwang ihn damals, die Novelle zu aktualisieren und Verlagen anzubieten. Genommen hat sie der R. Piper & Co. Verlag in München, wohl dank des Teilhabers Robert Freund, der aber als Jude 1935 ausbezahlt wurde. Das Büchlein konnte in braunen Zeiten nicht mehr publiziert werden. 1946 kam es als erste Friedell-Ausgabe nach dem Krieg auf den Markt – doch das ist eine andere Geschichte.

1947 wurde der Londoner Phaidon Verlag wieder aktiv. Er kam auf die Idee mit der einbändigen Dünndruckausgabe der ‚*Neuzeit*' und druckte gleich zwei Editionsjahre ins Buch: 1945 und 1947, sicher zur Wahrung der Urheberrechte gegenüber Beck. Im selben Jahr 1947 erschien auch der erste Band des ‚*Altertums*' bei Phaidon, korrekt ausgewiesen als zweite Auflage, in ähnlicher Aufmachung wie 1936, also auch mit zwei Faltkarten, doch nur noch schwarz-weiß. 1949 erschienen erstmals auf Deutsch die vollständigen ersten beiden Kapitel von ‚*Griechenland*' mit dem Umschlagvermerk: „Erste Veröffentlichung aus dem Nachlaß des berühmten Kulturhistorikers", gedruckt von Phaidon in der Schweiz. Ab diesem Jahr war mehr ‚Kulturgeschichte' als zu Friedells Lebzeiten publiziert, aber noch nicht alles.

Beck wurde zu dieser Zeit noch entnazifiziert und behalf sich mit dem Verlagslabel Biederstein in München. Dort erschien ebenfalls 1947 die ‚*Neuzeit*', wie früher in drei Bänden.

Die Urheberrechte blieben weiter umstritten, solange der Phaidon-Verlag Rechte beanspruchen konnte. Ab 1960 brachte auch Beck die einbändige Dünndruck-‚*Neuzeit*' mit großem Erfolg heraus. Doch ihr fehlt bis heute die Jahreszahl für die Edition; sie verweist nur auf die ursprünglichen Copyright-Jahre 1927, 1928 und 1931.

Ab 1951, also vier Jahre später, konnte auch Beck das ‚*Altertum*' wieder unter eigenem Verlagsnamen als dritte Auflage nach 1936 und 1947 herausgeben, zählte also die Phaidon-Ausgabe mit. Als Beck 1963 eine ungekürzte Sonderausgabe in verkleinertem Format herausbrachte, erinnerte man sich nicht mehr daran, dass das eigene Haus diese Ausgabe von 1951 bewerkstelligt hatte. Später kamen dann die Taschenbuchausgaben bei *dtv* hinzu, mit dem Erlöschen der Urheber-Rechte 2008 auch eine gediegene Ausgabe bei *Diogenes.*

Für *,Griechenland'* ist noch eine Korrektur vonnöten. Friedells Vertrauter, der mit seinen Verlagsangelegenheiten befasste Walther Schneider schrieb für die Edition von 1949 die Vorbemerkung:

> „Der vorliegende Band war eben erst vom Autor vollendet worden, als Egon Friedell beim Einmarsch der deutschen Truppen in Österreich 1938 freiwillig aus dem Leben schied. Das Manuskript aus dem Nachlaß wurde nach erfolgter Beschlagnahme von der deutschen Gestapo durch den Mut der Erben Friedells gerettet" [Phaidon 1949, 5; dito Beck o. J., 5].

So wurde es auch von Annemarie Kotab, der Nachlassverwalterin Friedells, mir gegenüber kolportiert: Die Gestapo habe das Arbeitszimmer Friedells versiegelt, jedoch übersehen, dass es von der Küche her einen zweiten Eingang gab. Durch diesen wäre das Manuskript den Händen der Gestapo entwendet worden. Eine ergreifende Geschichte von persönlichem Mut – doch nur eine schöne Legende. Fakt bleibt, dass Friedell das Typoskript rechtzeitig Walther Schneider übergeben hat, damit es in die Schweiz transferiert werden konnte. Der fand wohl die dramatische ,Entführung' aus todbringenden Händen publikumswirksamer. Sie steht bis heute in sämtlichen Nachdrucken, sollte aber als blanke Erfindung nicht mehr verbreitet werden. Natürlich hat die Gestapo damals vieles aus der Wohnung beschlagnahmt; so ist Friedells berühmte Bibliothek mit den Belegexemplaren seiner Publikationen fast komplett verschwunden, von Zettelkästen (s.u.) fehlt jede Spur.

Nie hat Walther Schneider davon berichtet, dass er auch ein handgeschriebenes Manuskript von Friedell bekommen hat: die Erstfassung vom letzten Kapitel *,Griechenlands',* das erst jetzt im Druck vorliegt. Schneider war nach dem Krieg mit Dorothea Zeemann (1909–1993) liiert; ihr überließ er das Manuskript. Als sie später mit Heimito von Doderer (1896–1966) zusammenlebte, ging wohl die Erinnerung an das Manuskript verloren. Erst als ich ab 1984 Frau Zeemann mehrmals besuchte, ermunterte sie mich, einen schwarzen Koffer unterm Bett hervorzuziehen und seinen Inhalt zu sichten. Es klingt lachhaft kitschig, aber es war gleichwohl so: In dem Koffer lagen viele maschinengetippte Skripte, und dazwischen auch Blätter mit der winzigen Bleistiftschrift Friedells, die mir von seinen in der Wiener Stadtbibliothek verwahrten Briefen her vertraut war. Elektrisiert suchte ich die Blätter zusammen, erkannte, dass es das letzte Kapitel *‚Griechenland'* sein musste, dazu ein weiterer Artikel. Fassungslos schaute ich auf diesen Schatz. Frau Zeemann war so freundlich, mir den noch rudimentären Artikel zu schenken und das 59-seitige Konvolut als Leihgabe mitzugeben. Nach ihrem Tod trat der Erbe an mich heran und verlangte die Leihgabe zurück. Die korrekte Übergabe erfolgte in München; er hat das Manuskript dann der Nationalbibliothek in Wien verkauft. Damals hatte man mir bereits die Freude an Friedell gründlich ausgetrieben (s.u.).

Deshalb ist bislang nur ein kleiner Auszug aus dem Manuskript in *„Der Rabe"* Nr. 16 von 1987 (Haffmans Verlag) abgedruckt worden [175-184], zusammen mit meiner Darstellung „Rekonstruktion eines Torsos" [170-174]. Im Jahr darauf erschien auch in Becks Almanach zum 225. Verlagsbestehen *(„Der Aquädukt 1763–1988")* ein Ausschnitt. Der damalige Verleger Wolfgang Beck zeigte aber kein weiteres Interesse an diesem Fund. Dabei sah er neben Oswald Spengler und Heimito von Doderer Egon Friedell als seinen wichtigsten Autor.

# Das Genie bei der Arbeit

Dieses handgeschriebene Kapitel gibt unverhoffte Einblicke in die Arbeitsweise Friedells. Bislang musste man den Eindruck haben, er habe gänzlich ohne zugrundeliegende Quellen gearbeitet, nur gelegentlich aus ungenannten Büchern zitiert oder vielleicht aus dem Gedächtnis zitiert, eine schwer vorstellbare Leistung.

Nun können wir dem Genie bei der Arbeit zusehen. Übergehen wir die simpelste Seite 30 mit lediglich 4 Punkten und wählen das für den Herausgeber komplizierteste Blatt mit den Seiten 56/57 über „Römische Literatur im 1. Jahrhundert" (Kapitel 37; hier im Buch auf S. 80-82). Bei ihm läuft die Zählung der Abschnitte von 1 bis 16. Erst ihre nachträgliche Nummerierung ergibt die endgültige Reihenfolge, denn niedergeschrieben hat Friedell sie keineswegs der späteren Reihung nach, sondern erratisch. Um das zu verdeutlichen, wird hier die ursprüngliche Reihung angegeben:

4, 2, 1, 7, 5, 6, 10/11, 12/13, 14, 15/16, 3, 13, 9, 16, 11, 8.

Er hat also mit der Sprachreinigung Cäsars und Ciceros begonnen, dann die Charakteristik Catulls und erst dann Varro behandelt, den er als Eklektiker und zugleich gelehrtesten Mann seiner Zeit einstuft.

Die spätere Festlegung der Reihenfolge war Friedell so wichtig, dass er, der immer mit Bleistift schrieb, sie mit Farbstiften hervorgehoben hat (s. o.). Er schrieb übrigens auch die Jahreszahlen in Grün und unterstrich die ihm wichtigsten Quellenangaben in Rot, die anderen mit Bleistift. So waren hier 16 Absätze auf einer Seite festgehalten; es konnten auf anderen Seiten auch noch mehr sein, aber immer passten sie auf eine Seite. Er wusste offenbar zu haushalten und bezog die jeweilige Rückseite mit ein. Denn bereits in der ersten Zeile mit der Sprachreinigung durch Cicero steht der Vermerk „Rückseite C".

Auf den Rückseiten eines Drittels der Blätter hielt er längere, im Grunde bereits ausgereifte Passagen für das Buch fest. Sie sind hier im Buch an den von ihm angegebenen Stellen ohne weitere Kennzeichnung eingefügt. Erstaunlich ist, dass er bereits in der ersten Zeile (unter Punkt 4) auf die Passage „C“ der Rückseite verweist. Eigentlich würde man nach dem Alphabet die „Passage A“ erwarten. Die gibt es auch, kommt jedoch auf der Seite erst später. Denn beim dritten Punkt, dem späteren ersten, wird auf die Ausformulierung „D“ auf der Rückseite verwiesen, dann unter dem fünften Punkt (später ebenfalls der fünfte) auf „Rücks. E“ und „Rücks. B“. Erst beim sechsten Punkt, der zufällig die Nummer 6 geblieben ist, benennt er „Rücks. A“. Das beweist, dass er die längeren Passagen frei aus dem Kopf, ‚wie nach Diktat‘, geschrieben hat, um auch sie erst später in die Nummernabfolge einzufügen. Das lässt sich durch die Einfügung der „Rücks.“-Verweise bestätigen. Denn sie stehen zwar manchmal am Ende der Passage, aber in den Fällen „E“ und „D“ über der Zeile, sind also erst später auf der Vorderseite eingetragen worden. Auffällig ist hier, dass es bei diesen fünf ausformulierten Passagen keine Zitate gibt. Das gilt mit einer einzigen Ausnahme für alle Rückseiten. Damit wirken sie bereits wie die endgültige Fassung.

Auf den Vorderseiten stehen Zitationshinweise im Überfluss. Sie bestätigen, dass Friedell all jene Bücher, die er seiner Kulturgeschichte zugrunde legte, peinlich genau gelesen hat und die jeweils relevanten Seitenzahlen in seine Rohfassung einsetzen konnte. Woher entnahm er diese präzisen Zahlen, die kein „ungefähr“ und kein „ca.“ kennen? Bei meinen Recherchen zu meiner Dissertation über Friedell stieß ich zwei, drei Mal auf Hinweise Dritter, dass sie in Friedells Arbeitszimmer Zettelkästen gesehen hätten. Doch die beste Kennerin der damaligen Wohn- und Arbeitssituation war die spätere Erbin, die damals noch junge Annemarie Kotab, die nach dem Krieg Friedells Sommerhaus in Kufstein bewohnte. Sie berichtete mir bei einem meiner Besuche, dass sie sich an keine Zettelkästen erinnern könne. Woher wären dann die Zitationen gekommen?

Von der Bibliothek Friedells haben sich leider nur wenige Bücher erhalten. In den Kufsteiner Exemplaren konnte ich keine Marginalien von seiner Hand entdeckten. Es gab nur ein Gegenbeispiel, ein Knaur-Lexikon in einem Band. In ihm hatte er von vorne bis hinten alle Personennamen, die bei seiner Arbeit von Interesse waren, je nach persönlicher Vorliebe grün, rot oder blau unterstrichen. Er hat in diesem Fall saubere Linien mit dem Lineal gezogen. Dieses kleine Lexikon dürfte als Grundlage für sein Projekt eines großen *„Konversationslexikons"* gedacht gewesen sein, das ihm sein Verleger zugunsten des *‚Altertums'* ausgeredet hat [Viel, 275].

In den handschriftlichen Seiten stehen die knappen Zitationen gewissermaßen im Fließtext, im fortlaufenden Fluss der Schreibarbeit. Sie wäre zu oft durch manchmal frustrierende Suche in allen möglichen Büchern gestört worden, hätte er doch wegen jedem Zitat aufstehen, ein oder mehrere Bücher herausziehen und die Seitenzahlen aufspüren müssen. Diese zahllosen Unterbrechungen hätten sich im Schriftbild niederschlagen müssen; doch solches ist nicht zu erkennen.

Daraus ergibt sich der zwangsläufige Schluss: Friedell hat nicht nur sehr viel gelesen – seine Freunde imaginierten sogar einen von ihm angestellten Bücherleser –, sondern auch Karteikarten angelegt, in denen er seine Lesefrüchte festhielt. Vielleicht waren sie primär nach Personen geordnet, weil seine Kulturgeschichten sehr stark auf Porträts aufbauen. Aber das schließt Kärtchen für Sachthemen in keiner Weise aus. Aufschluss gibt die Mommsen-Stelle auf Buchseite 101. Hier hat er beim Altmeister zwischen den zahllosen Schlachtenschilderungen und politischen Abwägungen einen Satz über herumwandernde Schauspieltruppen im Morgenland entdeckt, der ihm kulturgeschichtlich wichtig war.

Wir treffen also den Künstler nicht bei einer Laubsägearbeit an, wie er einmal über Reporter gespottet hat, sondern am Schreibtisch sitzend vor einem großen Blatt Papier, neben sich den einschlägigen Karteikasten. Nun beginnt er zu einem Thema – im Demonstrationsfall „37 röm. Lit. 1. Jhdt." – unbekümmert zu schreiben. Unbekümmert will besagen, dass er abhandelte, was ihm jeweils als nächstes durch den Kopf ging. So entstand Absatz auf Absatz. Erst am Ende dieser Schreibarbeit, vielleicht auch erst Tage später, markierte er mit Farbstift ihre Reihenfolge im endgültigen Buchtext. Bei dieser Arbeit gingen ihm bereits längere druckreife Passagen durch den Kopf, die er jeweils auf der Rückseite festhielt. Das gilt für ein Drittel der Blätter. So entfaltete sich ihm sukzessive der Buchtext. Wenn es dann ans Ausformulieren der jeweiligen Absätze zu Buchpassagen ging, brauchte er ‚nur' die jeweiligen Bücher aufschlagen, die vermerkten Seiten nachzulesen und dann seinen Text niederzuschreiben. Gegenüber Reinhardts Oberspielleiter am Deutschen Theater in Berlin, Heinz Hilpert (1890–1967), drückte er es ganz schlicht aus:

> „Hören sie, ich muß jetzt nach Wien, um meine Kulturgeschichte zu Ende zu bringen. Da habe ich auch die Bücheln, aus denen ich abschreibe, das heißt, ich behaupte natürlich immer das Gegenteil von den zeitgenössischen Experten und so erst bringe ich das einigermaßen Gültige zustande. Denn nichts fließt so trübe als die ‚Quellen'. Ich tu sie filtrieren. Das ist alles" [Hilpert, 165; anno 1930/31].

Bezeichnenderweise hat er seine Kulturgeschichten niemals mit Zitationen untermauert. Es lässt sich sogar an seine Doktorarbeit „Novalis als Philosoph" denken, die er mit keiner einzigen Fuß- oder Endnote ‚belastet' hat. Ihre Druckfassung bringt nicht einmal eine Literaturliste.

In der vorliegenden Rohfassung des ‚letzten Kapitels' sind die Zitationen stehengeblieben, um den Schaffensprozess zu dokumentieren, doch durch kleineren Schriftgrad marginalisiert. Zu diesem Schaffensprozess gehört auch das überaus klare Konzept, das er ausgestaltet hat.

Bekanntlich war er in Sachen Arbeit ein peinlicher Pedant. So wie er für jeden Wochentag eine lange Studentenpfeife hatte, so lagen für ihn immer nummerierte Bleistifte bereit, für Gäste spezielle. Als der berühmt werdende Schauspieler Heinrich George einmal bei ihm nächtigte, aufstand und arglos einen Bleistift für eine Notiz benutzte, blieb die Freveltat Friedells Argusaugen nicht verborgen. Vor der Abreise legte der ‚Verbrecher' heimlich das Corpus delicti zurück [Haage, 95]. Die Episode dürfte sich 1922 abgespielt haben. Noch viel mehr hätte allerdings George gelitten, hätte er geahnt, dass unter seiner Ruhestatt Friedells Rotweinvorrat lagerte. Auch sein Freund Arthur Kahane (1872–1932), Chefdramatiker bei Max Reinhardt, kannte den ‚nächtlichen Tagesablauf' bei Friedell, der sich exakt mit seiner Schreibmethodik berührte.

> „Nur eines kann er nicht. Er kann nicht aufhören. Wenn ich bereits im Auto saß, stellte er seinen Fuß auf das Trittbrett, im strömenden Regen, den aufgespannten Regenschirm über sich, weil ihm plötzlich einfiel, einen Professor zu kopieren, der sich mit einem Fachkollegen über den Gebrauch des *peri* bei den griechischen Tragikern zankte, oder einen anderen, der seiner Frau Professor im Ehebette ein Privatissimum über den neusten Stand der Limesforschung hielt, und es störte ihn nicht, wenn der im Innersten aufgewühlte Chauffeur zuhörte und die Welt nicht mehr verstand. Und wenn ich schließlich, todmüde, durch das schon offene Haustor schlüpfen wollte, hatte der Erbarmungslose kein Einsehen und mußte unbedingt, in der Tür, noch einmal, meritorisch, zur endgültigen Festlegung der erzielten Resultate, in Schlagworten den vollständigen Gesprächsverlauf des ganzen Abends, mit sämtlichen Seitensprüngen, Filiationen und Marginalien, mit *a* und *b,* mit römisch I und römisch II, am roten Faden seines unwahrscheinlich zuverlässigen Gedächtnisses *in nuce* rekapitulieren. So verlangte es das geistige Reinlichkeitsbedürfnis des Systematikers ethisch-pädagogischer Observanz in ihm“ [Kahane, 192 f.].

Der Kulturgeschichtsschreibende legte sich also eine Gliederung in 39 Kapiteln an. Es folgten die Gliederungszahlen für den kapitelweisen Text, die je nach Vielgestaltigkeit von 1 bis 4, aber auch von 1 bis 21 laufen konnten. Und auf den Rückseiten konnte er auch noch Untergliederungszahlen von 1 bis 8 benutzen. Ein Buch, zusammengesetzt aus abzählbar vielen Einzelkomponenten: 39 Kapitel mit insgesamt 556 Abschnitten! Hier war kein Dilettant, sondern ein präzis Planender am Werk.

Auf der hier besprochenen Manuskriptseite 37 findet sich etwas Rares. Friedell beschließt, das Kapitel zu teilen, um den „Klassizismus“ einzuschieben. Hier wird also das vorgesehene Schema durchbrochen und zugleich demonstriert, dass eine mögliche Interpretation nicht greift: Die Blätter wären praktisch eine Schönschrift der ersten Arbeitsfassung. Doch bei einer Schönschrift wären derartige Änderungen bereits berücksichtigt und die Blätter anders gegliedert worden. Nachdem die Kurzzeile „Blatt Klassizismus“ am Ende der Seite 37 steht, lässt sich das so interpretieren: Friedell bemerkte zum Schluss dieses Kapitels, dass er es nicht abschließen kann, wenn nicht zuvor der „Klassizismus“ mit seinen fünf Unterpunkten abgehandelt ist. Da aber diese Kurzzeile die Nummer 8 erhalten hat, muss man annehmen, dass diese Nummerierung nicht gleich nach Erreichen des Seitenendes eingesetzt worden ist, sondern erst nach Abfassung größerer Partien der Rohfassung.

Warum eigentlich die Idee mit der Reinschrift? Sie keimte, weil nirgends im Text eine Durchstreichung, außerdem keine Radierung zu sehen ist. Zusammen mit den sauber eingesetzten Zitationen ohne Unterbrechungen im Schreibduktus ließe sich durchaus an eine Reinschrift denken, wie eine solche für die ersten beiden Kapitel *‚Griechenlands‘* unter seinen Freunden kursiert haben soll. Doch das wäre schon deshalb falsch, weil es ja genügend Textergänzungen gibt, die zwischen die Zeilen eingesetzt worden sind. Sie haben dem Herausgeber das Leben schwergemacht. Manchmal sind es tatsächliche Ergänzungen, die einfach an den jeweiligen Text angehängt oder an markierter Stelle eingefügt werden. Allerdings gibt es auch Zusätze, die den voranstehenden Text präzisieren, variieren oder umfassender anlegen. Sie sind möglichst in den laufenden Text aufgenommen worden, andernfalls in den Anmerkungen aufgeführt.

Das erinnert daran, dass er auch in seiner so ganz anders geschriebenen *‚Neuzeit‘* jederzeit das Regiment über ungezählte Einzelkomponenten hatte, die er bei Bedarf aus älteren seiner Schriften abrufen und übernehmen konnte. Die *‚Neuzeit‘* ist seine Summa aus all seinen früheren Schriften; was immer er bereits einmal formuliert hatte, nutzte er immer wieder, schlussendlich in der *,Neuzeit'*. Meine Dissertation [Illig 1987] hat all diese in späteren Werken aufgespürten Textpartikel aufgelistet und so das Patchwork, das Friedells Schriften bilden, in seine zahllosen Einzelbestandteile aufgetrennt. Die Arbeit war immerhin so gut, dass nur drei Jahre später Roland Innerhofer [1990] all diese Einzelfunde als die seinen ausgab, meine Arbeit zu einem Teil noch einmal schrieb und es damit – ohne weitere relevante Schrift oder gar Habilitation – zu einem Univ. Professor in Wien brachte. Selbstbewusst hielt er anschließend Vorträge mit dem Titel „Friedell als Selbstplagiator"…

Zurück zum eigentlichen Könner, zu Friedell und seinem *,Griechenland'*. Was für eine peinlich genaue Vorbereitung, damit dem Leser schließlich ein homogener, gut lesbarer Text vorliegt, dem niemand ansehen würde, aus wie vielen Vorarbeiten er entstanden ist! Dazu hätte schlussendlich auch die Umbenennungen der trocken-geschäftsmäßigen Kapitelüberschriften in oft süffisante Begriffe gehört, die dann als Marginalien neben dem Textblock stehen sollten. Die Nachwelt hielt sich leider nicht unbedingt an solche Vorgaben. Für beide Kulturgeschichten galt ursprünglich: ein Buchblock von 12 cm Textbreite auf 17 cm breiten Papierseiten. Auf den freien Rändern war genug Raum für die Marginalien, die selten genug mehr als drei Worte umfassten, bei der *,Neuzeit'* auch einmal sechs Worte. Bei den Dünndruckausgaben wurde zwar alles kleiner und enger, aber es wurde ein Textblock von 9 cm bei 12 cm Seitenbreite gewahrt. Der verbleibende Rand genügte noch immer für die Marginalien. Erst bei der dtv-Taschenbuchausgabe wurden für noch schmälere Seiten die Marginalien einfach kupiert. Dabei waren sie damals eine echte Neuerung: Manchmal nüchtern, manchmal auch so flapsig, dass Kritiker unruhig wurden. Es war die Zeit, als Sachbücher entstanden, wie wir sie kennen.

Was wir trotz der Quellenangaben nicht sehen: Wie hat Friedell die ungeheure Stoffmenge begrenzt? Immerhin standen ihm fast beliebig viele Bücher aus der Antike zur Verfügung, beliebig viele Ausarbeitungen zu Teilthemen und Übersichten. Auch wenn aus der vorchristlichen Epoche die allermeisten Schriften verlorengegangen sind, blieb deutlich mehr als genug übrig.

## ERRATUM

Im Buch von Egon Friedell: „Der Schatten der Antike“, herausgegeben von Dr. Heribert Illig (2020), steht auf S. 136 fälschlicherweise, Prof. Dr. Roland Innerhofer sei ohne Habilitationsschrift zum Professor bestellt worden.

Tatsächlich vermerkt sein „Curriculum vitae“ auf seiner Homepage an der Universität Wien:

„**1995 Habilitation mit der Schrift Deutsche Science Fiction 1870-1914**“,

die auch als Publikation aufgeführt ist unter

„Deutsche Science Fiction 1870-1914. Rekonstruktion und Analyse der Anfänge einer Gattung. Wien, Köln, Weimar: Böhlau 1996. Reprint: Berlin: de Gruyter 2017“

Der Herausgeber entschuldigt sich bei Prof. Innerhofer und den Lesern.

Welcher Philosoph ist wichtig, welcher kann übersprungen werden, welcher Handlungsstrang ist darstellenswert, welcher ‚Duodez-Fürst' kann ignoriert werden? Gerade das Problem mit den von Friedell geschätzten Philosophen war im Altertum noch schwieriger. Denn es gab solche, die prinzipiell nichts geschrieben, sondern nur geredet haben und trotzdem berühmt waren, andere hatten geschrieben, doch fast alles war verschollen, und dann gibt es die wenigen Autoren, von denen fast alles überdauert hat. Friedell besaß den Mut, hier mit eigener Auswahl sein Werk zu gestalten. Erinnert sei nur an die Einleitung zum ‚*Altertum*', in der – unter der Marginalie „Der größte Ketzer" – mit Marcion ein wenig bekannter Häretiker besonders herausgestellt wird [KdA 6 f.]. Friedell rekurriert auf Adolf von Harnack, doch könnte der Fund auf Oswald Spengler zurückgehen, der ihn in seinem zweiten Band des ‚*Untergangs*' behandelt hat [Spengler, 833 ff.]. Friedell bemerkte dazu lächelnd:

> „Selbstverständlich hat Spengler nicht bloß aus dem Zeitbewußtsein geschöpft, sondern sich auch seine Vorgänger: Hegel, Nietzsche, Taine, Lamprecht, Breysig zunutze gemacht. Dasselbe Recht nimmt auch die nachfolgende Darstellung für sich in Anspruch, nur daß sie in der beneidenswerten Lage war, auch schon Spengler mit abschreiben zu können" [KdA 48].

Obendrein hat er ihn vielfach paraphrasiert. Da gibt es den Satz: „Und das Abendland wird untergehen, aber nur soweit es von Spengler ist." [KdA 72] Oder die Kritik an seiner Gegenwart um 1930, die ihre Seele verliert oder bereits verloren hat:

> „Es werden durch Rundfunk bereits Nachtigallenkonzerte und Papstreden übertragen. Das ist der Untergang des Abendlandes" [KdN 1513].

Von Anfang an war das ‚*Altertum*' zweibändig geplant. Beim ersten Band verfuhr man genauso wie bei der ‚*Neuzeit*', aber wie war es nach dem Krieg? Der zu schmale Griechenlandband verlangte ein anderes Vorgehen. Bei der norwegischen Ausgabe stellte der Lektor selbst ausgedachte Abschnittsüberschriften in die jeweilige Kopfzeile. Bei den deutschsprachigen Ausgaben rückte man dann die Marginalien als Zwischentitel ein. Beim vorliegenden dritten Kapitel gibt es überwiegend ganz sachliche Überschriften, vorzugsweise mit ‚Hellenismus' oder ‚hellenistisch' beginnend; es sind also vorläufige Arbeitstitel. Hier hätte sich der Autor mit Sicherheit griffigere Formulierungen ausgedacht.

Dank des klaren Konzeptes lässt sich beurteilen, wie auch dieses Kapitel ausgefallen wäre: in einer durchaus belehrenden Weise, aber aufgelockert durch Anekdoten, die bereits vorbereitet waren.

> „Kurz: die Anekdote in jederlei Sinn erscheint mir als die einzig berechtigte Kunstform der Kulturgeschichtsschreibung" [KdN 18].

Am meisten interessiert haben Friedell die Themen Religion und Philosophie, die zum Teil bereits fertig ausgearbeitet vorliegen. Was die Kriegsführung anging, so lag zu jedem Stichwort, also meistens Schlachtorte, die entsprechenden Texte seiner Quellen bereit, manchmal auch zwei oder drei verschiedene. Er wollte also unterschiedliche Meinungen gegeneinander abwägen. Welche Meinung er selbst vertreten hätte, können wir nur mutmaßen. Immerhin sehen wir gelegentlich, dass er von mehreren Quellen eine mit einer roten Unterstreichung hervorhob (hier im Druck mit einfacher Unterstreichung).

Die vielleicht bereits fertigen Absätze, von denen wir nicht wissen können, ob und wie stark sie noch einmal überarbeitet worden wären, beziehen sich nicht ohne Grund auf Philosophie und Religion, denn er bekannte in einem Brief an seine lebenslange Freundin Lina Loos:

> „Im übrigen hat Ilse mit vortrefflicher Intuition erkannt, daß mich diese Arbeit gar nicht mehr interessiert, weil ich schon bei der Geschichte der Philosophie halte. Zum Glück habe ich mich mit dem Thema griechische Kultur so viel befaßt, daß es sich ganz von selbst schreibt. Man sollte eigentlich überhaupt nur Sachen machen, die sich ganz von selbst schreiben, wie nach Diktat. Deshalb wird die Geschichte der Philosophie gut werden, der Alexanderroman hingegen schlecht, weil er mir Mühe machen wird" [Czokor/Rüther, 89 f].

Da er in ersten Dispositionen schon bei der Philosophiegeschichte ist, sind ihm die Ausführungen zu Philosophie und Religion besonders präsent. Aus dem Hinweis von Friedells Cousine Ilse Friedmann ergibt sich klar und einfach: Für ihn schreibt sich die Kulturgeschichte Griechenlands wie nach Diktat, und sie wird deshalb gut werden, eine Selbsteinschätzung, die objektiv ist, weil seine Urteilskraft auch schlechte Prognosen zulässt. Dies will betont sein, weil eine der wenigen Dissertationen über Friedell zu einem ganz anderen Urteil kommt. Sie stammt von dem Amerikaner Gordon Patterson, der längere Zeit in der Österreichischen Nationalbibliothek zu Wien gearbeitet hat, also Deutsch gut beherrscht haben sollte, allerdings 1979 seine Doktorarbeit auf Englisch vorgelegt hat. Schon ihr Titel *„The misunderstood clown"* macht deutlich, dass hier eine ganz andere Sicht vorgetragen wird. Sie wird hier vorrangig kritisiert, weil es gerade zum *‚Altertum'* kaum eine Rezension gibt, schon gar keine bekanntgewordene aus den dreißiger Jahren. Obwohl Patterson das letztstehende ‚Ilse-Zitat' kennt, möchte er das Buch als völligen Misserfolg werten:

> „Friedell war der beste Kritiker seiner unvollständigen Kulturgeschichte des Altertums. Privat teilte er seiner Schwägerin, Ilsa [recte: Cousine Ilse] Friedmann, mit, dass er »das Interesse an dem Buch verloren hat«. 1934 übertrug Friedell Walther Schneider einen Großteil der Verantwortung, das Buch zu vollenden. Drei Jahre später vertraute er Lina Loos an, dass er den größten Teil des Buchs für nicht tolerabel befinde. »Das Buch«, erklärte Friedell, »war schrecklich!!! [horrible!!!]« [Patterson, 226, Übersetzg. HI].

Härter könnte man das eigene Scheitern gar nicht ausdrücken, doch wo hätte das Friedell getan? Patterson bringt hierzu Fußnote 87: „Friedell to Lina Loos in Lina Loos, Silberne Dame, 86". Doch das ‚horrible Urteil' steht weder auf S. 86 noch sonst irgendwo in diesem Buch seiner Freundin. In Frage kommt nur eine Stelle aus demselben Brief an Lina Loos [S. 89]:

> „Die Taine-Übersetzung ist fertig und ebenso das Kapitel über das perikleische Zeitalter. Da war viel Patina abzu-

> kratzen, die ja bekanntlich nichts anderes ist als Dreck" [Czokor/Rüther, 89; dort auf September 1937 datiert].

Während Friedell launig seine Arbeit und den frischen Blick auf die klassische griechische Zeit beschreibt, liest Patterson nur „Dreck", fühlt sich in seinem Vorurteil bestätigt und macht daraus Friedells Meinung über sein ganzes Buch, indem er das Zitat mit den drei Ausrufezeichen erfindet. Dem „Dreck" folgt unmittelbar obige Passage mit Ilse Friedmann. Geradezu prophetisch schließt derselbe Brief Friedells mit seiner Beurteilung von Pattersons 42 Jahre späteren Arbeit:

> „Wenn ein Trottel ein schlechtes Buch liest, so ist das schon sehr bedauerlich, schrecklich aber sind die Folgen, wenn ein Trottel ein gutes Buch in die Hand bekommt" [ebd. 90].

Natürlich glaubt Patterson auch zu wissen, dass Friedell sein *‚Griechenland'*, ja das ganze *‚Altertum'* als gescheitert sah, zumal es ja ganz schlecht war: „Die Schwächen von Friedells zweiter Geschichte sind Legion" [Patterson, 226], ohne freilich auch nur eine einzige zu benennen.

> „Friedell gab die Arbeit an der *Kulturgeschichte des Altertums* auf, als er die Hoffnung auf Zukunft verloren hatte" [Patterson, 227].

Das vorliegende Buch widerlegt mit dem Abdruck des entstehenden Schlusskapitels den Missverstehenwollenden; ebenso ist der mit Fertigstellung beauftragte Walther Schneider ein Fake, war er doch nur an der Verlagssuche beteiligt. Es gibt auch einen Grund für Pattersons Herabwürdigung. „Friedell war ein Antisemit", und der Amerikaner bekräftigt diese Aussage nicht nur im Schlusskapitel, sondern sogar mit Friedells angeblichen Worten: „Ich habe niemals Freundschaft mit einem Juden gehabt" [beides Patterson, 228]. Bei einem solchen gewichtigen Wort in Zitatform wüsste man gerne die Herkunft. Patterson gibt sie nicht preis, da er nichts preiszugeben hat.

Aber Friedell hat das Zitat vorab widerlegt. Sein größtes und bestes Werk, die *‚Neuzeit'* ist seinem Freund Max Reinhardt alias Max Goldmann aus einer jüdisch-ungarischen Familie gewidmet, dem er rund 30 Jahre verbunden geblieben ist, bis dieser

1937 ins Exil in die Vereinigten Staaten ging. Seine sterblichen Überreste liegen „in der Gruft eines kleinen Mausoleums auf dem jüdischen Westchester Hills Cemetery, Hastings-on-Hudson, Westchester County, New York“ [wiki: Max Reinhardt]. „*MAX REINHARDT gewidmet*“ steht unübersehbar in jedem der drei ‚*Neuzeit*‘-Bände auf einer eigenen Vorsatz-Seite. Auch der oben genannte Freund Arthur Kahane war Jude, allerdings konvertiert. Zu Recht hat Bernhard Viel in einer fast überlangen Endnote [325, VII:40] die angeblich antisemitische Gesinnung Friedells argumentativ entkräftet. Ich wage eine Retourkutsche: Manch ein literaturkritischer Jude hat noch immer Probleme mit Friedells Übertritt zum Protestantismus, vor über 120 Jahren.

Wenn Patterson vom missverstandenen Clown spricht, dann stolpert er tapsig über sein eigenes, grundsätzliches Missverstehen eines Menschen, der manchmal auch ein Clown war, aber natürlich viel mehr. Friedells Verleger Heinrich Beck hatte eine ganz andere Meinung von diesem ‚gescheiterten Buch‘. Nach Lektüre der ersten Abschnitte des ‚*Altertums*‘ freute er sich:

> „Ihr Manuskript zur Kulturgeschichte Ägyptens habe ich mit grösstem Genuss gelesen. Sie haben m. E. mit diesem Kapitel eine ganz neue Form der Darstellung gefunden. Diese übertrifft Ihre Kulturgeschichte der Neuzeit an Gemeinverständlichkeit und Volkstümlichkeit des Erzählertons, ohne deshalb auf feine Lichter und Pikanterie der Gedankenführung irgendwie zu verzichten. Wenn es ihnen möglich ist, diesen Stil durch das ganze Buch durchzuhalten, werden Sie, glaube ich, die erste Darstellung des Altertums geben, die nicht schulhaft belehrend, sondern wirklich volkstümlich unterhaltend ist und dabei den geistigen Horizont erweitert mindestens in dem Masse wie ein großes Kunstwerk“ [Brief vom 16. 1. 1935 lt. Viel, 279].

Friedell formulierte es in Hinblick auf die altägyptischen Hieroglyphen so: Das Publikum solle erfahren,

> „wie Dr. Friedell über diese ganze Angelegenheit denkt, der außerdem der einzige ist, der es so sagen kann, daß nicht für ewige Zeiten Abscheu gegen dieses Thema entsteht.“

> „Mit einem Wort: Man muß die Sache klar machen, aber man darf sie nicht leicht machen, d. h. durch Vereinfachung verfälschen“ [Czokor/Rüther, 73, 83].

Bedauerlicherweise konnte Friedell dieses Buch nicht beenden und Heinrich Beck (1889–1973) konnte es erst nach dem braunen Wahnsinn drucken. Aber es wird 82 Jahre nach seinem Tod nicht nur weitergedruckt, sondern zugleich in drei verschiedenen Druckausgaben von Beck, Diogenes und dtv angeboten, dazu als E-Book und als Hörbuch – was für ein Erfolg! Wir sehen das Werk als Torso. Auch dazu gibt es ein Friedell-Wort:

> „möglichste Unvollständigkeit war überall angestrebt. Man wird vielleicht finden, dies hätte ich gar nicht anzustreben brauchen, es wäre mir auch ohne jedes Streben mühelos gelungen. Dennoch verleiht ein solcher bewußter Wille zum Fragment und Ausschnitt, Akt und Torso, Stückwerk und Bruchwerk jeder Darstellung einen ganz besonderen stilistischen Charakter. Wie können die Welt immer nur unvollständig sehen; sie *mit Willen* unvollständig zu sehen, macht den *künstlerischen* Aspekt“ [KdN 18].

Natürlich kann beim *‚Altertum‘* nicht vom bewussten Willen zum Torso die Rede sein. Oder vielleicht doch? Darüber wird andernorts noch zu befinden sein.

Klar ist hingegen, dass hier das Werk eines Autors vervollständigt wird, der zu den großen Prosaisten des 20. Jahrhunderts gerechnet werden darf, auch wenn sein Hauptwerk als ‚Kulturgeschichte‘ in eine andere Rubrik zu fallen scheint. Doch denken wir an den von Friedell oft zitierten Theodor Mommsen, der als Historiker 1902 für seine 46 Jahre zurückliegende *„Römische Geschichte“* den Nobelpreis für Literatur erhalten hat. Insofern könnte man sich an Friedell zumindest so erinnern, wie es Christian Strich und Fritz Eicken im *„Diogenes Lesebuch moderner deutscher Erzähler“* [1980, 164] in Bezug auf die *‚Neuzeit‘* und Thomas Mann getan haben: „ein großes Buch der deutschen Literatur, einem Zauberberg rangmäßig ebenbürtig“. Diese hohe Anerkennung wagten die beiden Autoren im Anhang jedoch nicht unter dem durchaus vorhandenen Stichwort „Egon Friedell“, sondern ganz versteckt unter dem Stichwort „Stefan

Zweig", fast wie Schutzmimikry. Welcher Germanist – mein Doktorvater Gert Sautermeister ausgenommen – möchte da zustimmen, nachdem ihm Friedell seinen „Aphorismus gegen die Germanisten" [1911] zugemutet hat? Aber vielleicht setzt sich der anhaltende Erfolg seiner Werke auch trotz oder sogar wegen der Germanisten fort. Ihm selbst wäre es sicher recht, nicht in eine der Schubladen gepackt und vergessen zu werden.

# Literatur zum Nachwort


C.H.Beck (2013): *Die Welt im Buch · Kleine Chronik des Verlags C.H.Beck 1763–2013;* Beck, München

Czokor, Franz Theodor / Rüther, Leopoldine (Hgg. 1966): *Du silberne Dame du · Brief von und an Lina Loos;* Zsolnay, Wien

Friedell, Egon (1904): *Novalis als Philosoph;* Bruckmann, München

- (1906): *Emerson · Sein Charakter aus seinen Werken;* Lutz, Stuttgart
- (1909): *Hebbel · Ein verkleinertes Bild seines Geisteslebens;* Lutz, Stuttgart
- (1910): *Lichtenberg · Ein verkleinertes Bild seines Geisteslebens;* Lutz, Stuttgart
- (1911): Aphorismus gegen die Germanisten; *Schaubühne,* 7 (14) 365 ff., vom 06. 04.
- (1912): *Ecce Poeta;* Fischer, Berlin
- (1914): *Thomas Carlyle: Heldenverehrung. Übersetzt und eingeleitet von EF;* Müller, München
- (1914): *Hans Christian Andersen: Satiren, bearbeitet und eingeleitet von EF;* Hölzel, Wien
- (1927-1931; hier o. J., ab 1960): *Kulturgeschichte der Neuzeit · Die Krisis der europäischen Seele von der Schwarzen Pest bis zum Ersten Weltkrieg;* Beck, München (abgekürzt **KdN**)

Friedell, Egon: ***Kulturgeschichte des Altertums: erster Band*** (abgekürzt **KdA**)

- (1936): *Kulturgeschichte des Altertums Band I: Ägypten und Vorderasien · Leben und Legende der vorchristlichen Seele;* Helikon, Zürich (26,3 x 18,5 cm)
- ([2]1947): *Kulturgeschichte Ägyptens und des alten Orients · Leben und Legende der vorchristlichen Seele; Phaidon Press, London,* (26,3 x 18,5 cm)
- ([3]1951): *Kulturgeschichte Ägyptens und des alten Orients · Leben und Legende der vorchristlichen Seele;* C.H. Beck, München (22,7 x 15,5 cm)
- (1963): *Kulturgeschichte Ägyptens und des alten Orients · Leben und Legende der vorchristlichen Seele;* C.H. Beck, München (Ungekürzte Sonderausgabe, nochmals verkleinert auf 20,5 x 13 cm; in dieser Form bis heute gedruckt)

Friedell, Egon: ***Kulturgeschichte des Altertums: zweiter Band***
- (1940): *Oldtidens Kulturhistorie · Den førkristne Sjels Liv og Legende · Hellas;* Aschehoug & Co, Oslo, Übersetzer Niels J. Mürer, (17,2 x 25,5 cm)
- (1949): *Kulturgeschichte Griechenlands · Leben und Legende der vorchristlichen Seele;* Phaidon Press, London; vertrieben von Phaidon A.G., Zürich, gedruckt in Basel (19,5 x 13,5 cm, die dann auch von Beck übernommene Größe)
- (o. J., wohl 1950): *Kulturgeschichte Griechenlands · Leben und Legende der vorchristlichen Seele;* C.H. Beck, München. (Die seitdem von Beck gedruckten Auflagen ohne Jahreszahl beziehen sich auf das Copyright von Phaidon, 1949. Äußerlicher Unterschied: der Namenszug des Autors anstelle der gesetzten Titelei (19,5 x 13, 5 cm).
- (1936a): Friedell hat eine neue Kulturgeschichte geschrieben · Gespräch mit dem Autor; *Das Echo*, Nr. 86 (Gesprächspartner unbekannt). Gemeint ist die Nachmittagsausgabe des „Telegraf", der vom Februar 1934 bis März 1938 erschienen ist.
- (1946): *Die Rückkehr der Zeitmaschine;* Piper, München
- (1961): *Aphorismen und Briefe* · Herausgegeben von Walther Schneider; List, München
- (1982): *Abschaffung des Genies · Essays bis 1918* (Hg: Heribert Illig); Löcker, Wien
- (1987): Kulturgeschichte Roms; in: *Der Rabe Nr. 16* (Hg. H. Illig); Haffmans, Zürich, 175-184
- (1988): Der Schatten der Antike · Aus dem unvollendeten Teil der ‚Kulturgeschichte des Altertums', herausgegeben von H. Illig; in: *Der Aquädukt 1763–1988 · Ein Almanach aus dem Verlag C·H·Beck;* München, 275-283
- (2009/2011): **Zweibändige Ausgabe aller Kulturgeschichten. 2. Band:** *Kulturgeschichte des Altertums · Kulturgeschichte Ägyptens und des Alten Orients / Kulturgeschichte Griechenlands;* Diogenes, Zürich (220,5 x 13 cm, in falsch beschriftetem Schuber, vielleicht für eine vier- oder sogar fünfbändige Ausgabe gedacht.)

Haage, Peter (1964): *Egon Friedell und der Journalismus. Dissertation Universität Wien;* Wien
- (1971): *Der Partylöwe, der nur Bücher fraß · Egon Friedell und sein Kreis;* Claassen, Hamburg

Hilpert, Heinz (1948): Etwas über Egon Friedell; in H.H. (1951): *Gedanken zum Theater;* Hainbund, Göttingen, 163-166 (ursprünglich Zeitungsartikel von 1948)

Illig, Heribert (1987): *Schriftspieler – Schausteller · Die künstlerischen Aktivitäten Egon Friedells;* Löcker, Wien (Dissertation 1987)

- (1987b): Rekonstruktion eines Torsos · Egon Friedells Kulturgeschichte des Altertums; in: *Der Rabe Nr. 16,* Haffmans, Zürich, 170-174
- (1988): Zur ‚Kulturgeschichte des Altertums'; in: *Der Aquädukt 1763–1988 · Ein Almanach aus dem Verlag C·H·Beck;* München, 283 f.
- (1993): *Karriere ist Armut an Ideen · In Sachen Innerhofer;* Mantis, Gräfelfing

Innerhofer, Roland (1990): *Kulturgeschichte zwischen den beiden Weltkriegen: Egon Friedell;* Böhlau, Wien

Kahane, Arthur (1928): *Tagebuch eines Dramaturgen;* Cassirer, Berlin

Kotab-Archiv: Hinterlassenschaften Friedells, gesammelt von Annemarie Kotab, Tochter von Friedells Haushälterin Herma Schimann

Mommsen, Theodor (2012): *Römische Geschichte Band 8 · Länder und Leute von Caesar bis Diocletian;* Jazzybee, Altenmünster

Nietzsche, Friedrich (1980): *Sämtliche Werke · Kritische Studienausgabe in 15 Bänden. Herausgegeben von Giorgio Colli und Mazzino Montinari;* dtv (de Gruyter), München

Patterson, Gordon Marshall (1979): *The misunderstood clown ·Egon Friedell and his Vienna;* Faksimile der Dissertation an der University of California, 1979

Rebenich, Stefan (2013): *C.H. Beck 1763–2013. Der kulturwissenschaftliche Verlag und seine Geschichte.;* C.H. Beck, München

Seewald, Berthold (2016): Der unbekannte Strippenzieher bei Caesars Ermordung; *Die Welt,* 15. 03.

Spengler, Oswald (1963): *Der Untergang des Abendlandes · Umrisse einer Morphologie der Weltgeschichte;* Beck, München (1918/22; ab 1963 einbändige Sonderausgabe)

Stein, Gerd (1973): *Peter Altenberg und Egon Friedell. Zum Wiener Impressionismus der Jahrhundertwende;* (Dissertation),Salzburg

Strich, Christian / Eicken, Fritz (1980): *Das Diogenes Lesebuch moderner deutscher Erzähler · Erster Band von Arthur Schnitzler bis Erich Kästner;* Diogenes, Zürich (detebe 208/4)

Viel, Bernard (2013): *Egon Friedell · Der geniale Dilettant;* Beck, München

Waas, Emil (1997): Es beginnt schon damit, daß am Ende der Punkt fehlt · Stilblüten aus amtlichen und privaten Schreiben; München

Wesel, Uwe (2013): *250 Jahre rechtswissenschaftlicher Verlag. C.H. Beck 1763-2013;* C.H. Beck, München

# Gesamtregister

# Mantis Verlag

2019 Illig, Heribert: ***Alte Skulptur verjüngt*** · Christlicher Neuanfang nach 1000 in Stein, Holz und Bronze; 270 S., 179 Abb., 18,90 €

2019 Illig, Heribert: ***Gregors Kalenderreform 1582*** · *Cäsar, Nikäa und die päpstliche Notlüge;* 184 S., 14,80 €

2018 Dschepper, Eli: ***Don Camillo und Peppone*** · *Textbuch der ersten Filme, rekonstruiert;* 244 S., 12,80 €

2017 Illig, Heribert: ***Des Kaisers leeres Bücherbrett*** · *Wer bewahrte das antike Erbe?* 293 S., 78 Abb., Pb.,19,90 €

2015 Mayer, Joseph M.: ***Die Himmelspferde von Nebra und Stonehenge*** · *Astronomie und Mythos;* 97 S. DIN A4, Pb., Farbabb., 22,90 €

[4]2014 Illig, Heribert: ***Aachen ohne Karl den Großen***. *Technik stürzt sein Reich ins Nichts;* 215 S., 58 Abb., Pb., 14,90 €

2013 Illig, Heribert: ***Gräfelfing & Pasing 1250 Jahre?*** *Ein kritischer Streifzug durch Bayerns frühe Geschichte;* 109 S, 16 Abb., 6,90

2013 Illig, Heribert: ***Meister Anton, gen. Pilgram, oder Abschied vom Manierismus;*** 360 S., 167 Abb., Pb., 13,90 €

[2]2012 Heinsohn, Gunnar: ***Die Erschaffung der Götter*** · *Das Opfer als Ursprung der Religion;* 228 S., 30 Abb., Pb., 15,90 €

[2]2010 Illig, Heribert: ***Geschichte, Mythen, Katastrophen***. *Über Velikovsky hinaus;* 360 S., 62 Abb., Pb., 22,90 €

2008 Illig, Heribert: ***Die Chiemseeklöster***. *Neue Sicht auf alte Kunst;* 150 S., 49 Abb., Pb., 14,90 €

2008 Franz, Dietmar: ***Rätsel um Potsdams Ersterwähnung***. *Urkundenfälschungen auf Otto III.* 135 S., 11 Abb., Pb., 12,90 €

2007 Kerner, Martin: ***Vom Steinbeil zum Pantheon***. *Kulturgeschichte der Kalendarik;* 197 S., 47 Abb., gebunden, 18,90 €

2005 Thiel, Werner: ***Schwert aus Pergament,*** Roman; 200 S., Pb., 5,90 €

2004 Heidrich, Specht K.: ***Mykenische Geschichten***. *Von Phoroneus bis Odysseus, von Atlantis bis Troia;* 416 S., 15 Abb., Pb., 24,50

2003 Weissgerber, Klaus: ***Ungarns wirkliche Frühgeschichte*** · *Árpád eroberte schon 600 das Karpatenb;* 325 S., 42 Abb., 19,80

2002 Illig, Heribert · Anwander, Gerhard: ***Bayern in der Phantomzeit;*** Zwei Bände, 958 S., 346 Abb., 2 Pb., 14,80 €

2002 Menting, Georg: ***Die kurze Geschichte des Waldes***. *Plädoyer für eine Kürzung der Waldgeschichte.* 170 S., 34 Abb., 14,90 €

2002 Siepe, Franz: ***Fragen der Marienverehrung***. *Anfänge, Frühmittelalter, Schwarze Madonnen;* 240 S., 16 Abb., 17,90 €

1999 Tamerl, Alfred: ***Hrotsvith von Gandersheim***. *Eine Entmystifizierung;* 327 S., 17 Abb., Pb., 20,40 €